Allen Carr est
S'il s'épanouiss
consommation q
rettes le déprimai
brables tentatives
pouvoir de la volonté, il découvrit ce que l'humanité attendait en écrivant *La méthode simple pour en finir avec la cigarette* (*The Easy Way to Stop Smoking*), best-seller traduit en plus de vingt-cinq langues et vendu à plus de six millions d'exemplaires dans le monde. Depuis il ne fume plus et se consacre aux autres fumeurs. Sa solide notoriété repose sur les résultats spectaculaires de sa méthode, qu'il a appliquée plus spécifiquement à la gent féminine dans son ouvrage *La méthode simple pour les femmes qui veulent arrêter de fumer*. Il est désormais considéré comme l'expert numéro un dans l'assistance aux fumeurs qui souhaitent arrêter la cigarette. Au début, les fumeurs des quatre coins du monde se retrouvaient dans son centre de Londres ; aujourd'hui, son réseau de centres couvre les cinq continents.

Quatre autres ouvrages fidèles aux principes qui ont fait le succès de sa méthode ont été traduits en français et sont désormais disponibles aux Éditions Pocket : *La méthode simple pour perdre du poids*, *La méthode simple pour contrôler sa consommation d'alcool*, *La méthode simple pour prendre l'avion sans avoir peur* et *La méthode simple pour aider vos enfants à arrêter de fumer*.

LA MÉTHODE SIMPLE POUR AIDER VOS ENFANTS À ARRÊTER DE FUMER

DU MÊME AUTEUR
CHEZ POCKET

LA MÉTHODE SIMPLE POUR EN FINIR AVEC LA CIGARETTE

LA MÉTHODE SIMPLE POUR PERDRE DU POIDS

LA MÉTHODE SIMPLE POUR LES FEMMES QUI VEULENT ARRÊTER DE FUMER

LA MÉTHODE SIMPLE POUR CONTRÔLER SA CONSOMMATION D'ALCOOL

LA MÉTHODE SIMPLE POUR PRENDRE L'AVION SANS PEUR

Allen Carr

LA MÉTHODE SIMPLE POUR AIDER VOS ENFANTS À ARRÊTER DE FUMER

Traduit de l'anglais
par Jean-François PIET

POCKET Évolution

Des livres pour vous faciliter la vie !

Titre original :
Allen Carr's *HOW TO STOP YOUR CHILD FROM SMOKING*

ISBN : 2-266-14244-5

Sommaire

Avant-propos

Le tabagisme est aujourd'hui tellement ancré dans notre société que nous sommes persuadés de tout connaître à son sujet. En fait, dans l'époque prétendument éclairée que nous vivons, la réalité sur les mécanismes de la cigarette est aux antipodes de ce qui est généralement admis par la vaste majorité de la société.

Il fut un temps où, en Occident, près des trois quarts de la population adulte consommait du tabac. Les dernières statistiques officielles y font désormais état d'un tiers de fumeurs réguliers. À en juger par cet apparent renversement de situation, la lutte contre cette maudite *plante* semblerait en bonne voie. Je crois en effet qu'il en est ainsi pour la population adulte. Il y a cependant une tranche d'âge pour laquelle le tabagisme a tendance à gagner du terrain : celle que l'on attendrait le moins. J'allais parler d'*adolescents*, mais il ne s'agit malheureusement pas seulement d'adolescents ! Il y a, à vrai dire, littéralement des milliers d'enfants entre huit et douze ans déjà dépendants à la nicotine. Comment est-ce possible ? Après tout, plusieurs décennies en arrière, nous n'avions pas connaissance des risques de cancer et, mieux renseignés, nous aurions assurément évité le piège. Comment est-il donc possible que tant d'enfants franchissent le pas aujourd'hui encore, allant grossir les rangs des fumeurs ? Et pourquoi la prévalence de la cigarette est-elle plus marquée chez les filles que chez les garçons ?

Vous vous souciez peut-être plus, pour votre enfant, de la menace de drogues *dures*, comme l'héroïne. Si tel est le cas, mettez-vous bien en tête que la cigarette n'est que le début d'un engrenage. Avant de céder au tabagisme, nous menons notre vie sociale et faisons face au stress sans l'aide d'un tel artifice. La croyance – erronée – que nous souffrons d'un vide à combler résulte de l'expérience des drogues, particulièrement de la nicotine, et dans une moindre mesure de l'alcool – car il s'agit effectivement là de drogues, certes licites. Et comme l'effet bénéfique qu'on leur concède n'est qu'illusoire, il n'est guère étonnant que certains adolescents se mettent, dans un deuxième temps, en quête d'illusions plus puissantes.

La plus grande méprise à propos du tabagisme est l'attitude même de la société à son égard : *Bien sûr, le tabagisme est malsain et cause de terribles maladies, c'est même l'avis partagé par la majorité des fumeurs qui le considère comme une distraction dégoûtante et socialement inconvenante. Mais cela n'a en rien la gravité de l'héroïnomanie.* Regardez bien les faits en face : alors que l'héroïne tue quelques dizaines de personnes par an, en France, le tabagisme est responsable d'une véritable hécatombe, avec PLUS DE 1 200 VIES EMPORTÉES CHAQUE SEMAINE.

L'héroïne est illégale. Non seulement l'usage du tabac est licite, mais les fabricants de cigarettes sont autorisés à consacrer plusieurs dizaines de millions d'euros par an en marketing et opérations publicitaires ; l'État, lui-même, s'accapare la plus belle part du gâteau, en extorquant chaque année 10 milliards d'euros à la détresse des fumeurs.

Je ne prétends pas que la majorité des fumeurs finissent par se tourner vers des drogues plus dures ; mais j'affirme que, parmi une population de *toxicomanes*, ceux qui n'ont pas commencé par la cigarette se comptent sur les doigts de la main. Si vous parvenez à préserver votre enfant de la cigarette, il y a peu de risques qu'il se laisse entraîner vers une autre forme de toxicomanie. Ce livre vous guidera vers cet objectif : préserver votre enfant du tabagisme. Devez-vous pour cela le lui donner à lire ? Non, c'est à vous de le lire.

1

Les chutes du Niagara

J'ai toujours dormi dans le plus simple appareil. Chaque matin, j'allumais ma première cigarette au saut du lit. J'offrais là un bien triste tableau, bedonnant avec mes quelque 30 kilos en trop, le teint blafard, la cigarette au bec à la Humphrey Bogart, toussant à en perdre haleine. Rétrospectivement, je comprends pourquoi j'évitais inconsciemment de croiser mon image dans le miroir de la chambre.

Un jour, un ancien fumeur m'avait péremptoirement offert la clé à mon problème : « Tu devrais faire comme moi ! Dès le réveil, en toute saison, qu'il pleuve ou qu'il vente, au lieu d'allumer une cigarette, j'ouvre grand la fenêtre et j'inspire plusieurs fois à pleins poumons. Si tu suis mon conseil, je te garantis qu'il ne te viendra plus à l'idée d'allumer une cigarette. »

Le remerciant, je lui promis du bout des lèvres d'appliquer ses recommandations à la lettre. À quoi bon perdre mon temps à lui expliquer que la première inspiration m'aurait littéralement coupé le souffle et que je me serais rué sur le paquet de cigarettes dès la seconde.

Les non-fumeurs sont souvent persuadés que la cigarette procure un réel bien-être aux grands fumeurs et que les usagers occasionnels y trouvent le moyen de se donner une contenance. Il s'agit en fait d'une méprise totale, et force est de constater que beaucoup d'autres idées fausses courent sur le tabagisme. Les grands fumeurs ont en fait la cigarette en horreur et ont depuis longtemps abandonné l'illusion qu'elle leur procure plaisir ou réconfort. Ils se garderont cependant de l'admettre ouvertement à leur entourage. Certains se révèlent même incapables de l'accepter en leur for intérieur.

Je ne compte plus les conversations échangées avec des fumeurs dithyrambiques quant au goût délicieux du tabac. Affichez votre étonnement d'entendre parler de goût, comme si on en mangeait ! Ils deviennent alors lyriques au sujet de son parfum délectable. Et si vous soulignez que l'on peut en savourer l'odeur sans inhaler les fumées cancérigènes, ils éludent la remarque en expliquant que cela éloigne l'ennui et les aide à se concentrer. Nombreux soulignent les bienfaits de la cigarette dans les situations de stress comme dans les moments de détente, à l'image de la cigarette prise après le repas ou partagée chaleureusement lors de discussions entre amis.

Faites remarquer que l'ennui et la concentration sont deux situations radicalement opposées, comme le sont le stress et la relaxation. Demandez-leur d'expliquer par quel subterfuge la deuxième cigarette d'un paquet pourrait avoir un effet si différent de la précédente. Ce paradoxe ne les dérangera pas vraiment. Mais enchaînez avec la question fatidique, demandez-leur si leurs enfants fument. Si ce n'est pas le cas, ils ne pourront contenir un sourire soulagé et n'hésiteront pas à afficher leur fierté de savoir leurs enfants épargnés. Curieusement, après avoir défendu corps et âme les merveilleux atouts de la cigarette, pourquoi ne souhaitent-ils pas les partager avec leurs enfants ? Ce paradoxe fait généralement mouche : bredouillant, votre interlocuteur prend conscience de l'incohérence de son argumentation. Je n'ai toujours pas rencontré un seul parent fou de joie à l'idée que son enfant puisse devenir accro au tabac, ni d'ailleurs d'enfant particulièrement fier du tabagisme de ses parents.

Au paroxysme de mon épopée tabagique, j'en étais arrivé à griller entre 60 et 100 cigarettes par jour. J'avais hâte de quitter le bureau à la seule pensée de laisser enfin mes poumons se remettre de leur supplice journalier. De retour chez moi, si d'aventure je n'avais aucune obligation particulière, je m'installais alors dans le canapé, et je savourais ce moment sans tabac face au poste de télévision. En revanche, si je devais travailler tard, je me sentais obligé de fumer cigarette sur cigarette. Et lorsque mon activité se prolongeait jusqu'à des heures indues, il m'arrivait régulièrement de me retrouver le paquet vide.

À l'instar du pilier de bar qui connaît comme sa poche chaque bistrot de la ville, j'étais, grâce à mes quêtes nocturnes, capable de nommer toutes les épiceries de nuit, bars et autres débits de tabac ouverts tard, à plus de 10 kilomètres à la ronde.

Lors de ces soirées, l'idée d'en finir avec mes obligations professionnelles m'enchantait moins pour la satisfaction de la tâche accomplie que pour l'idée d'accorder un salutaire répit à mes poumons. Je finissais allongé sur le lit, asphyxié, la langue chargée, la gorge en feu, priant dans l'espoir de me réveiller le lendemain avec assez de volonté pour arrêter ou bien rêvant que le désir de tabac disparaîtrait au petit jour comme par enchantement.

Certes, j'avais eu vent d'histoires de fumeurs qui,

sans raison apparente, avaient subitement perdu toute inclination pour le tabac. Mais pour quelle raison moi, Allen Carr, doté d'une force de volonté unanimement reconnue par mon entourage, avais-je le sentiment d'en être insuffisamment pourvu ?

Je sais pertinemment que les jeunes gens comme leurs parents trouveront, à la lecture de ce livre, que mon expérience relève d'un tabagisme poussé à l'extrême. Même les fumeurs les plus invétérés, qui pourraient pourtant presque rivaliser avec moi, se consolent en pensant : « Pas étonnant qu'Allen Carr ait arrêté le tabac. Si j'en étais arrivé à cette extrémité, j'aurais fait de même. »

J'ai habitude de comparer le syndrome du tabagisme à une baignade, une journée d'été, dans un paisible cours d'eau. La fraîcheur de l'eau est agréable et vous nagez, insouciant, vous éloignant du bord. Vous prenez plaisir à vous laisser dériver au gré d'un léger courant. Imperceptiblement, le mouvement se fait plus rapide ; un grondement sourd, perceptible au loin, finit par vous alerter et vous décidez finalement de regagner la berge. Mais le courant a forci et vous avez beau nager de toutes vos forces, vous avez l'impression de ne pas avancer. Des remous toujours plus violents vous entraînent et il vous est de plus en plus difficile de garder la tête hors de l'eau. Une peur panique vous envahit, lorsque vous apercevez sur la berge un panneau qui signale :

« DANGER — CHUTES DU NIAGARA ».

Vous objecterez peut-être que je noircis le tableau ? Pourquoi pensez-vous qu'un fumeur préférera perdre une jambe plutôt que de renoncer à la cigarette ? Pour quelle raison pensez-vous que, chaque semaine, plus de 1 200 Français paient de leur vie le triste privilège d'avoir un jour commencé à fumer ? Quel est ce stratagème qui persuade, chaque semaine, 1 000 nouveaux jeunes d'assurer la relève de leurs aînés ?

Parce qu'il est primordial que vous en compreniez le comment et le pourquoi, nous nous attacherons bientôt à démonter les mécanismes de la cigarette. Mais d'abord, il faut que je vous parle de :

VICE VERSA.

2

Vice versa

De nos jours, en découvrant du tabagisme de leurs enfants, les parents subissent un véritable électrochoc. Qu'eux-mêmes soient ou ne soient pas fumeurs ne semble pas nuancer leur réaction. Outre le choc et le désarroi, le sentiment dominant chez des parents non-fumeurs est l'incrédulité : « Nous ne te comprenons pas… nous avions pourtant donné le bon exemple… N'avons-nous pas suffisamment insisté sur les horribles maladies provoquées par la cigarette ? Comment as-tu pu te faire avoir ? »

Mais l'incrédulité est encore exacerbée chez des parents eux-mêmes fumeurs : « Nous t'avions averti des méfaits du tabac, de cette habitude dégoûtante, malsaine, de ce que cela coûte de fumer. Comment as-tu pu te faire avoir ? » Leur désarroi se conjugue à une forte culpabilité, parce qu'ils ont la certitude d'avoir montré le mauvais exemple. De bonnes âmes ont d'ailleurs contribué à stigmatiser les parents fumeurs, en leur faisant endosser la responsabilité du tabagisme de leurs enfants. Si vous faites partie de ces parents accablés par la culpabilité, consolez-vous : les raisons qui poussent les enfants au tabagisme n'ont pratiquement aucun lien avec celui de leurs parents.

Lorsque j'ai commencé à animer les séances de thérapie, dans mes premiers centres antitabac, je demandais souvent aux patients si leurs parents étaient aussi fumeurs. Si c'était le cas, la réponse était, presque invariablement, du style : « Oui. Et c'était logique que je m'y mette aussi. » Dans le cas contraire, la réponse était tout aussi prévisible : « Non. Je présume que j'ai commencé par rébellion contre mes parents. »

Il est étrange de constater combien ce prétexte de rébellion prévaut chez la jeunesse actuelle pour expliquer l'origine de son tabagisme. Trois décennies en arrière, l'expérimentation du tabac chez les jeunes témoignait, *a contrario*, d'un effort pour s'intégrer aux mœurs. Qu'il y a-t-il de socialement plus incongru que de souffler sa fumée au visage de convives non fumeurs savourant leur repas ? Et pourquoi ne pas laisser échapper un long pet et, si quelqu'un s'offusque, montrer sa surprise : « Je voulais simplement avoir l'air dans le coup » ?

Maintenant que le caractère antisocial du tabagisme est communément admis, les jeunes justifient leur geste par le désir de se révolter ou de se démarquer des autres. Cela rappelle par certains aspects la Beatlemania, dans les années 1960 : nous étions tous coiffés et habillés comme les Beatles afin de nous distinguer de monsieur tout le monde. Habituellement, les adolescents qui déclarent fumer par rébellion font partie d'un groupe où tous fument autant les uns que les autres. Les vrais rebelles sont dignes de respect. Mais contre qui ou contre quoi ces jeunes se révoltent-ils exactement ? Se révolter contre l'esclavage et d'autres abominations sont des causes admirables, mais comment peut-on se révolter *pour* un esclavage, pour son propre esclavage ? Ces jeunes, soi-disant rebelles, sont exactement à l'image de cette marionnette manipulée par l'industrie du tabac, l'organisation britannique « FOREST » :

FREEDOM ORGANISATION FOR THE RIGHT TO ENJOY SMOKING TOBACCO[1]

À ma connaissance, il s'agit là de la seule organisation qui se bat pour une liberté – le droit de fumer – déjà acquise. L'acronyme en est particulièrement bien choisi. S'il ne devait exister qu'une seule organisation vouée à être l'arbre qui cache la forêt (en l'occurrence une forêt de plants de tabac), ce serait bien « FOREST ».

Ce dont les jeunes ont réellement besoin n'est pas le droit au plaisir de fumer, ni même le droit de choisir, mais la liberté d'échapper à l'esclavage de la nicotine.

Si des parents, dans un élan protecteur, demandent à leurs enfants de ne pas se jeter sous un bus, combien leur désobéiraient juste par esprit de rébellion ? Et dans l'éventualité où un demeuré se jetterait vraiment sous un bus et en réchapperait vivant, est-ce que ses amis le considéreraient comme un héros ou comme un imbécile ? Une fois que ces jeunes gens comprennent qu'ils sont victimes d'un piège et décident de mettre fin à cet esclavage, leur côté rebelle semble rapidement s'estomper et ils trouvent alors une piètre excuse pour continuer la cigarette : N'est-ce pas là une coïncidence bien troublante ?

Avez-vous par hasard lu le livre *Vice versa : A lesson to fathers*[2] de F. Anstey ou vu le film qui en est tiré ? Il

1. « FOREST » signifie « Organisation pour le libre droit au plaisir de fumer du tabac », mais également le mot « forêt » en français (*N.d.T.*).

2. Vice versa : une leçon pour les pères.

traite, sur le ton de la comédie, de l'aventure d'un jeune garçon qui se retrouve dans le corps de son père et « vice versa ». C'est l'occasion d'un aperçu de la relativité des points de vue du monde des enfants et de celui des adultes. Si vous voulez éviter que votre enfant ne devienne dépendant de la cigarette, vous devez faire l'effort de vous glisser à sa place. Bien sûr, il vous faut tirer profit de votre expérience et de votre savoir, mais il demeure essentiel que vous abordiez la question sous le même angle que votre enfant si vous voulez qu'il profite de votre expérience.

Prenons, parmi les témoignages recueillis dans mes centres antitabac, quelques exemples typiques où parents et enfants étaient sur des longueurs d'ondes radicalement différentes. Le premier est celui d'un père d'une soixantaine d'années, qui avait déjà subi plusieurs pontages cardiaques : il suivait avec son fils une session dans mon centre de Londres. Sans qu'aucun d'eux n'ait eu besoin d'ouvrir la bouche, il était clair que, traîné de force par son père, le jeune homme n'avait pas la moindre intention de cesser de fumer.

J'ai toujours regretté de ne pas avoir le don de siffler comme les jeunes caïds dans les vieux films américains. Être capable, juste en glissant nonchalamment deux doigts dans la bouche, de produire un sifflement à percer les tympans doit être particulièrement grisant. Quand le tabagisme sera éradiqué de la surface de la terre, je prendrai le temps de m'initier à cette pratique. On pourrait s'attendre que quelqu'un comme moi, qui a passé près d'un tiers de siècle à fumer sans discontinuer, maîtrise à la perfection la technique des ronds de fumée. Il n'en est rien. Alors que le reste du groupe, y compris son propre père, buvait mes paroles, j'étais moi-même subjugué par l'habileté de ce garçon à enchaîner des ronds de fumée plus parfaits les uns que les autres.

Malheureusement, le père a vite repéré le petit jeu du jeune homme, qui, absorbé par ses prouesses, n'écoutait pas un mot de mon discours. Embarrassé par l'attitude de son fils, il se mit à le sermonner devant tout l'auditoire, le fusillant du regard : « Comment oses-tu rester là à t'amuser ? Ne vois-tu pas ce que la cigarette a fait de moi ? Pourquoi n'arrêtes-tu pas tant qu'il n'est pas trop tard ? »

Par chance, le fils encaissa les critiques sans riposter ; du moins sans riposter verbalement, car l'intensité de son expression trahissait suffisamment ses pensées : « Vieux crétin ! Tu me donnes des leçons ? Ce serait plutôt à moi de t'en donner. Au moins, je ne risque pas d'en arriver au stade où tu te trouves. »

Le second exemple est tout aussi révélateur : celui d'un quinquagénaire qui m'avait appelé un soir, très tard. Il semblait complètement affolé, et, en larmes, m'avait exposé sa situation : « Mon médecin m'a annoncé qu'à moins que je ne cesse de fumer, je perdrais mes deux jambes. Je suis prêt à vous donner ce que vous voulez si vous parvenez à me faire passer une semaine sans cigarette. Je sais que, si je survis une semaine, je serai tiré d'affaire. » Convaincu que je ne pouvais rien pour lui, il a néanmoins assisté à l'une de mes sessions et a cessé de fumer *sans difficulté* selon ses propres termes. Il m'a remercié, quelque temps après, d'un mot aimable, rajoutant qu'il m'avait même recommandé à plusieurs autres fumeurs. En guise d'ultime recommandation, je rappelle toujours aux ex-fumeurs qui terminent leur stage dans un de mes centres : « N'oubliez jamais : plus aucune cigarette ! » Lui m'avait alors répondu : « Sois sans crainte, Allen, si je réussis à arrêter, il est sûr que je ne reprendrai jamais. »

J'avais alors l'étrange pressentiment que mes recommandations n'avaient pas été parfaitement enregistrées.

Je le prévenais : « Je sais ce que tu penses maintenant, mais dans six mois tu auras tout oublié.

– Allen, je ne fumerai plus jamais », m'avait-il répondu.

Un an plus tard, j'eus de ses nouvelles par téléphone : « Allen, je me suis laissé tenter par un petit cigare, à Noël, et maintenant je suis revenu à deux paquets par jour.

– Te souviens-tu de ton premier coup de fil ? Au comble du désespoir, tu étais prêt à me donner n'importe quoi si je parvenais à te faire arrêter une semaine.

– Je me souviens. Quel imbécile !

– Te rappelles-tu la lettre que tu m'as adressée après avoir écrasé ta dernière cigarette ? Tu te sentais en meilleure forme, heureux d'être libre !

– Je sais bien, je sais bien.

– Te rappelles-tu ta promesse de ne plus jamais toucher une cigarette ?

– Je sais. Je suis un imbécile. »

C'est comme si vous trouviez quelqu'un dans un marais, enfoncé jusqu'au cou, à deux doigts de la noyade. Vous le tirez d'affaire, ce dont il vous est infiniment reconnaissant. Puis, six mois plus tard il y replonge la tête la première.

Quelque temps après, il revint assister à une nouvelle session. L'entendre raconter ses déboires avec son fils était plutôt ironique : « J'avais conclu un marché avec mon fils : je lui avais promis 1 000 € si, à son vingt et unième anniversaire, il n'avait jamais touché une cigarette. Il a tenu son engagement et le jour de ses vingt et un ans, je lui ai donné la somme promise ; Maintenant, à vingt-deux ans, il fume comme un sapeur. Comment a-t-il pu être aussi stupide, après ce que le tabac a fait à son propre père ? N'est-ce pas incroyable ? »

Je fis observer qu'au moins son fils avait déjoué le piège pendant vingt et un ans, ignorant ce qui l'attendait il était donc moins stupide que son père voulait nous le faire croire. Et m'adressant au père : « Vous avez été victime de ce piège pendant près de quarante ans. Ayant personnellement vécu la douloureuse expérience d'être un fumeur, vous n'avez cependant pu vous en libérer qu'une année seulement. »

Je dois m'accorder une digression essentielle : on trouve toujours, parmi les fumeurs, les ex-fumeurs ou même les non-fumeurs (ceux qui n'ont jamais touché une cigarette) de tous âges confondus, de fervents défenseurs de la thèse selon laquelle, après avoir passé une année entière sans tabac, un ex-fumeur ne retrouve jamais une totale liberté : une fois fumeur, c'est pour la vie, et même si on arrête définitivement, on ne sera jamais complètement libre !

Je peux facilement comprendre qu'on puisse tenir de tels propos. Avant de découvrir ma méthode, j'en étais moi-même convaincu : la grande majorité des fumeurs qui parvenaient à décrocher par le seul pouvoir de leur volonté ne jouissaient jamais d'une entière liberté. Cette croyance est renforcée par les millions d'ex-fumeurs qui n'ont pas touché de cigarette depuis des mois mais en meurent d'envie, et par les millions de ceux qui, après avoir tenu quelque temps, rechutent malheureusement. Pourtant, TOUS les fumcurs, même les jeunes, regrettent d'avoir commencé, même si peu sont prêts à l'admettre.

L'excuse la plus courante de ceux qui continuent à fumer est le plaisir qu'ils en retirent. Aussi incroyable que cela puisse paraître, ce plaisir n'existe pas. La raison pour laquelle nous sommes persuadés de ce plaisir est l'omniprésence du sentiment de souffrance et de panique lorsque nous en sommes privés. Et c'est seulement pour mettre fin à ce sentiment de sacrifice et de souffrance que chaque fumeur prend sa dose de nicotine.

Deux principaux facteurs maintiennent les fumeurs dans la dépendance, tous deux étrangers à toute notion de plaisir. La première est la certitude qu'il faut endurer un terrible trauma, d'une durée imprévisible, pour parvenir à cesser de fumer. On peut constater avec ironie que de nombreux fumeurs parviennent à surmonter ce trauma à une ou plusieurs reprises lors de leur existence, lorsqu'ils deviennent des non-fumeurs – plutôt heureux – pour quelques jours, quelques semaines, quelques mois, voire quelques années. Mais, pour autant, ils ne se sentent pas complètement libérés et, tôt ou tard, la grande majorité finit par replonger. C'est en fait le second élément déterminant qui terrorise les fumeurs, même les plus courageux, à l'idée d'une tentative de sevrage : la certitude que, même si l'on survit à cette épreuve traumatisante, on ne sera jamais complètement libéré, et que, sans cigarette, on ne pourra jamais pleinement savourer la vie ni rester complètement serein face à ses vissicitudes.

Il convient de démolir ce mythe avant que d'en revenir aux exemples de « Vice versa ». Vous pourriez très bien conclure que le second exemple conforte effectivement ce mythe : si le père était réellement libre, pourquoi a-t-il replongé après une année sans tabac ? Je vous garantis qu'il était bien libéré. Malheureusement, quelle que soit la méthode pour arrêter, y compris la mienne qui en facilite pourtant l'expérience et la rend même agréable, trop de fumeurs retombent dans le piège. Je lui ai posé la question coutumière à l'issue de mes sessions :

« A-t-il été facile d'arrêter ?

– Je n'ai même pas éprouvé de sensation de manque. J'étais au ciel.

– Cela te faisait-il plaisir d'être redevenu non-fumeur ?

– J'avais l'impression d'être libéré de prison, de me réveiller d'un cauchemar, de quitter un univers sinistre, de peur et de dépression, pour un monde éclatant de santé et de liberté.

– Cela te fait-il plaisir de renouer avec le tabac ?

– Je suis écœuré ! Pourquoi penses-tu que je suis revenu te voir ? »

Alors, pourquoi a-t-il ainsi rechuté ? Souvenez-vous, il ne s'agit que d'une digression et mon unique but est de démontrer par A + B qu'il était bel et bien libre. La raison de sa rechute ne réside pas seulement dans la prépondérance de l'addiction à la nicotine, mais tient à l'ingéniosité du plus sinistre des pièges que la nature et l'humanité ont contribué à créer. Il a rechuté pour la même raison qui l'avait poussé à commencer à fumer, qui a poussé son fils à fumer et pourrait peut-être amener aussi le vôtre à devenir accro… à moins que l'on ne prenne enfin les bonnes dispositions pour en finir définitivement avec le tabagisme. Paradoxalement, cette dépendance n'a à proprement parler rien d'une maladie infectieuse, mais se propage avec plus d'efficacité que n'importe quelle maladie qu'a connue l'humanité.

Nous reviendrons en détail sur ce sujet un peu plus tard. Dans ce chapitre, je cherche à vous aider à triompher du conflit des générations. Jc voudrais prendre pour exemple les deux couples père-fils que j'évoquais plus haut, bien empêtrés dans leur tabagisme familial. Ces situations où parent et enfant parlent la même langue mais ne communiquent pourtant pas illustrent parfaitement le problème du conflit des générations.

Triompher d'un tel conflit n'est pas chose facile, mais reste à la portée de ceux qui savent faire preuve d'imagination, de tact et de psychologie. Le désir légitime qu'ont les parents de protéger leurs enfants se révèle être une des sources de ce conflit. Quoi de plus naturel de vouloir les protéger, et de tenter de leur éviter les erreurs de notre jeunesse. L'ennui est que cela nous amène souvent à user de discipline et de punitions. Les conversations virent trop facilement à des leçons de morale, des réprimandes, allant à l'encontre de tout principe de communication.

Si vous avez expérimenté le tabagisme, il serait bien plus astucieux d'expliquer comment vous avez été attiré et comment vous êtes tombé dans ce piège que de dispenser une leçon sur les funestes conséquences de la cigarette. Si vous n'avez jamais été fumeur, choisissez un fumeur ou ex-fumeur de votre entourage que votre enfant tient en estime, et qui saura, sans le sermonner, lui exposer avec clarté comment la cigarette l'a piégé, et à quel point il regrette cette première cigarette.

Si au préalable vous vous efforcez de comprendre le point de vue de votre enfant, de parler avec lui le même langage, en le traitant sur un plan d'égalité, un vrai processus de communication pourra s'instaurer. Néanmoins, cette communication n'a de sens que si vous tentez de faire passer le bon message. Savoir établir une vraie communication est un ingrédient essentiel. L'autre ingrédient essentiel est :

PAS D'EXCÈS DE CONFIANCE.

3

Pas d'excès de confiance

Il est très facile de sous-estimer les subtilités du piège de la nicotine. Aujourd'hui, à l'école, les enfants apprennent à faire la morale à leurs parents fumeurs sur les conséquences néfastes du tabagisme. C'est un nouvel aspect de « Vice versa ». Lorsque j'étais enfant, c'étaient nos parents qui nous faisaient la morale.

Une anecdote, que Christine, une jeune femme, rapporta lors d'une séance dans un de mes centres, me revient en mémoire. Elle avait une fille, Sarah, alors âgée de 5 ans. Sous l'insistance de Sarah, qui, terrifiée à l'idée de sa mort, la suppliait de renoncer à la cigarette, Christine avait vaillamment essayé d'arrêter. Mais ses tentatives s'étaient toutes soldées par des échecs cuisants. Elle parvenait certes à passer la journée sans fumer, mais elle s'accordait en cachette une ou deux cigarettes chaque soir, une fois bien assurée que sa fille dormait profondément.

Après une journée particulièrement éprouvante, Christine n'avait qu'une hâte, pouvoir enfin savourer sa cigarette. Sa fille, qui habituellement s'endormait quelques minutes à peine après s'être glissée sous les draps, ne trouvait pas le sommeil ce soir-là. Selon le propre récit de Christine, « Au moment où ses paupières se sont fermées, je me suis précipitée dans la cuisine allumer ma cigarette. À peine avais-je expiré la première bouffée qu'une petite voix se fit entendre derrière mon dos. *Maman, tu n'es pas en train de fumer, n'est-ce pas ?* » Imaginez donc ce qu'elle a dû ressentir, prise en flagrant délit par sa fille de cinq ans.

Je tiens à insister sur un point fondamental : tous les jeunes détestent la cigarette jusqu'à ce qu'ils tombent dans le piège. Pas un enfant sur cette planète n'est ravi à l'idée que ses parents soient fumeurs, comme inversement aucun parent ne souhaite que son enfant fume.

Cela n'a rien de surprenant si l'on examine à tête reposée les tenants et les aboutissants du tabagisme. La seule raison qui nous pousse à commencer, en premier lieu, est que d'autres personnes le font déjà. Et pourtant, chaque fumeur, pourvu qu'il ait su prendre un peu de recul, regrette d'avoir un jour commencé. Ils prennent même la peine de nous prévenir de ne pas les imiter. Lorsque, en fin de compte, on décide de tenter l'expérience, la déception est toujours au rendez-vous : la première cigarette est dégoûtante. Or, notre vie entière, nous entendons les fumeurs justifier qu'ils fument parce que la cigarette leur procure du plaisir. Nous sommes ainsi amenés à en conclure que nous ne courons aucun risque d'en devenir dépendants, dans la mesure où nous n'y trouvons pas ce fameux plaisir. Le fait est que nous nous entêtons alors à renouveler l'expérience, jusqu'à finalement tomber dans le panneau, puis passons le restant de notre vie à faire l'autruche. Fermant les yeux sur notre tabagisme, nous essayons de temps en temps d'en échapper, et avertissons nos enfants de ne pas faire la même erreur. Avec une consommation d'un paquet par jour, un fumeur dépensera un budget de 70 000 € sur une vie entière.

Une véritable fortune ! Paradoxalement, même les fumeurs qui n'en ont pas les moyens affirment qu'ils ne s'inquiètent pas des conséquences financières de leur consommation. Par quel mystère l'argent des cigarettes ne nous inquiète-t-il pas ? Comment se fait-il que nous courions les supermarchés à comparer les prix pour économiser quelques euros sur des produits de première nécessité, et que nous sommes par ailleurs aveugles à l'argent gaspillé en cigarettes ?

C'est en fait ce à quoi nous employons cet argent qui est le plus terrifiant. Nous l'employons à courir le risque de contracter d'atroces maladies. Bien sûr, on se rassure habituellement à l'idée que cela n'arrivera pas ou que l'on cessera avant le point de non-retour. Mais, même en passant effectivement au travers des mailles du filet, on reste condamné à une vie entière de mauvaise haleine, de dents jaunies, de souffrance et de léthargie. Pourquoi cet état de pur esclavage ne nous saute-t-il pas aux yeux ? Nous fumons la majorité de nos cigarettes sans y prêter la moindre attention. En fait, nous ne prenons réellement conscience de notre condition de fumeur qu'en certaines occasions : lors de ces quintes de toux, qui nous font amèrement regretter d'avoir un jour commencé à fumer ou lorsque, embarrassés de souffler la fumée au visage d'une personne visiblement importunée, nous nous sentons crasseux. C'est également le cas face à un paquet vide, en proie à ce sentiment de panique ou face au malaise et à la frustration qui nous envahit lorsque fumer nous est interdit.

AVOUEZ QUE CE « PASSE-TEMPS »,
CE « PLAISIR » EST PARADOXAL :

QUAND CELA VOUS EST INTERDIT,
VOUS RÊVEZ DE POUVOIR FUMER
ET DÈS QUE CELA REDEVIENT POSSIBLE,
VOUS FUMEZ SANS Y PRÊTER ATTENTION
OU BIEN TORTURÉ PAR LE REGRET D'AVOIR
COMMENCÉ.

C'est toute une existence à se faire plaindre et à susciter le mépris des autres. Mais le sentiment le plus pitoyable du fumeur, par ailleurs tout aussi intelligent, sain, heureux et séduisant qu'un autre, est de devoir affronter au cours de son existence son propre mépris face à la peur du cancer, face au regard soucieux de son entourage, à chaque interdiction de fumer ou lorsqu'il est le seul fumeur au sein d'un groupe.

Je ne saurais trop vous conseiller d'utiliser les arguments que je viens de développer, comme ceux des deux paragraphes ci-après, la prochaine fois qu'un fumeur, jeune ou âgé, occasionnel ou quotidien, vous dit qu'il fume par choix. Vous seriez même bien inspiré de les apprendre par cœur afin de les lui réciter tels quels.

Bien sûr, ils s'acharneront à expliquer que ces inconvénients sont largement compensés par les bienfaits de la cigarette : elle aide à évacuer le stress, supporter l'ennui et favorise la concentration et la relaxation. Le tabagisme n'a pourtant aucune de ces prétendues vertus, il a même l'effet inverse : il renforce le stress et l'ennui, entrave la concentration et la relaxation.

Si vous êtes fumeur, cette dernière affirmation peut vous laisser quelque peu dubitatif. Je tenterai plus tard d'expliquer comment cette illusion prend racine, car il s'agit bien là d'une illusion très répandue des prétendues vertus du tabac. Mais vous ne contesterez certainement pas qu'avant de devenir un adepte de la cigarette, vous n'aviez jamais été pris par le désir de fumer pour vous relaxer, vous concentrer ou vous accommoder de situations stressantes ou ennuyeuses. Il est absolument ridicule de laisser croire que quiconque puisse délibérément faire le choix de s'adonner au tabac et qu'une telle existence puisse être qualifiée d'agréable. Le roi des imbéciles ne ferait pas ce choix, sans parler de personnes intelligentes et rationnelles que sont la grande majorité des fumeurs.

Mais c'est *justement* parce que nos enfants ont toujours détesté la fumée de cigarette, parce qu'ils connaissent par cœur les risques de maladies que le tabac fait courir, parce que eux-mêmes nous ont fait la morale à propos du tabagisme et qu'à l'évidence l'existence du fumeur comporte tellement d'inconvénients, que

NOUS FINISSONS PAR DEVENIR
TROP SÛRS DE NOUS.

Cette inébranlable certitude que nos enfants demeurent à l'abri, cette trop grande confiance en nous, la suffisance que nous affichons face à la menace du tabagisme que nous croyons improbable sont les meilleures alliées du piège de la nicotine. Cessons de faire l'autruche et

REGARDONS LES FAITS EN FACE.

On dénombre chaque année en France près de 100 000 nouveaux fumeurs tous âges confondus, soit au moins 50 000 adolescents qui tombent dans le piège.

Qu'est-ce qui vous fait croire que votre enfant est à l'abri ? La dernière leçon de morale qu'il vous a récitée sur les terribles méfaits du tabagisme ? Son écœurement de la fumée de cigarette ? Parce que vous lui avez longuement expliqué les dangers de la cigarette ? Ne vous faites pas d'illusions, tous les enfants sont bien renseignés, et pourtant, chaque semaine en France, plus de 1000 adolescents rejoignent les rangs des fumeurs.

Peut-être cet excès d'assurance provient du fait que votre enfant n'est toujours pas fumeur, au moins à votre connaissance. Cette situation me rappelle celle de cet homme, chutant d'un gratte-ciel de 100 étages, que l'on entend crier, passant au niveau du dixième étage : « Jusqu'ici tout va bien. »

Des milliers d'adolescents et de jeunes adultes fument régulièrement, sans que leurs parents n'en aient connaissance. Comme tous les toxicomanes, les fumeurs sont capables de prouesses d'ingéniosité, d'inventivité et de roublardise lorsqu'il s'agit d'assouvir leur dépendance. Les chiffres officiels du tabagisme des jeunes sont édifiants, surtout ceux des jeunes filles : Entre 12 et 19 ans, elles sont environ un tiers à fumer et la proportion atteint une fille de 17 ans sur deux. Ces chiffres ne vous inquiètent peut-être pas outre mesure si vous avez la certitude que votre enfant n'est pas concerné.

La proportion d'un tiers des adolescentes paraît déjà particulièrement élevée. J'ai cependant appris à manipuler les statistiques sur le tabagisme des jeunes avec des pincettes, même si l'on ne peut douter de l'honnêteté et la compétence des experts ayant mené l'étude.

Il ne faut oublier que les personnes dépendantes à la nicotine, comme de manière plus générale les toxicomanes, mentent à propos de leur addiction. En outre, alors qu'il est relativement aisé d'avancer les preuves que telle personne fume, il est en revanche extrêmement difficile, voire impossible, d'apporter une preuve irréfutable que telle autre personne ne fume pas. Pendant mes années de lutte contre l'industrie du tabac, à plusieurs reprises, le bruit a couru que j'avais repris la cigarette. Je n'ai jamais été capable de retrouver l'origine de ces rumeurs et j'en éprouve encore une frustration extrême.

Il y a quelques années, j'ai été invité par la direction d'un célèbre collège de jeunes filles à m'exprimer devant un groupe d'adolescentes, dans l'espoir d'infléchir les fumeuses et d'aider les autres à déjouer le piège de la cigarette.

Comme je le disais précédemment, j'étais déjà très sceptique face aux statistiques officielles annonçant qu'une adolescente sur trois fumait. J'avais à cette époque élu domicile dans un quartier très résidentiel, tout près d'un collège de filles. Je garde un clair souvenir qu'elles avaient pratiquement toutes, en allant et en revenant de cours, une cigarette à la bouche.

Je voulais que cet entretien offre à ces collégiennes la liberté de parler en toute franchise ; j'avais ainsi insisté pour qu'aucun professeur ne soit présent. C'était de ma part une requête bien téméraire. Je ne pouvais ignorer les nombreuses années qui nous séparaient, elles et moi, et l'inévitable conflit de génération qui m'attendait au tournant : elles me prendraient pour un vieux schnock de plus, que l'on avait missionné pour les barber avec les méfaits du tabagisme. Tout ce que je connaissais sur les écoles féminines se résumait à quelques vieux films des années 1950. Je ne passe pas pour quelqu'un de particulièrement courageux et je dois avouer que le plus spectaculaire acte de bravoure de mon existence a été de tenir tête, ce jour-là, à ces quelque 160 collégiennes âgées de 12 à 15 ans.

J'éprouve un immense respect pour ces jeunes filles. Elles n'auraient pas eu grand effort à faire pour m'anéantir. J'avais, avant cette rencontre, la ferme impression qu'il n'était pas en mon pouvoir d'aider les adolescents à déjouer le piège du tabagisme. Mais l'incroyable maturité et l'honnêteté de ces filles m'ont persuadé du contraire et convaincu d'écrire ce livre. Je suis sûr que nous pouvons éviter à nos enfants le tabagisme et les toxicomanies. Nous n'éliminerons jamais ces sinistres pièges tant que nous ne saurons empêcher nos enfants d'y tomber.

Plutôt que d'attaquer bille en tête en demandant à ces jeunes filles lesquelles fumaient, j'abordais le problème à l'envers : « J'ai entendu dire qu'il y a des filles qui n'ont absolument jamais touché une cigarette de leur vie. Personnellement, je trouve cela difficile à croire. Je suis persuadé que tout un chacun a eu l'expérience d'une cigarette une fois dans son existence, même par simple curiosité. Que celles d'entre vous qui n'ont jamais eu la moindre cigarette lèvent le doigt ! »

Dix mains se sont levées dans l'assistance et c'était bien ce à quoi je m'attendais. J'invitais la dizaine de filles qui s'étaient manifestées à baisser la main et les quelque 150 autres filles à lever la leur, à leur tour, et je poursuivis mes interrogations.

« Si vous n'avez fumé qu'une et une seule cigarette, baissez également la main. » Je m'attendais alors à voir près de la moitié des mains levées se baisser à leur tour. Je fus surpris de constater que seulement une dizaine se signalèrent, et ce après que plusieurs d'entre elles eurent marqué quelques instants d'hésitation.

Ce résultat m'a profondément sidéré. Certes, les statistiques officielles me laissaient sceptique, mais j'avais du mal à accepter l'ampleur du désastre, bien au-delà de mes pires craintes.

Je leur demandais de baisser les mains et poursuivis avec une ultime requête. « Si vous pensez être dépendantes de la cigarette, levez le doigt. » C'était de ma part une faute stratégique. J'aurais dû poser la question différemment : « Si vous fumez et pensez ne pas être dépendante de la cigarette, levez le doigt. » Je suis incapable de savoir quelle aurait été leur réponse. Mais à la question que j'avais effectivement posée, je ne m'attendais pas à voir une seule main se lever.

En fait, une dizaine de filles se sont déclarées, dont une qui devait avoir 12 ans à peine. Leur honnêteté fut accueillie par quelques petits rires nerveux dans l'assistance. « Vous vous moquez d'elles ; en réalité, ce serait plutôt à elles de rire. Elles ont au moins la lucidité de comprendre qu'elles sont accro. » À vrai dire, les dix qui avaient levé le doigt étaient moins dépendantes que les autres. Car si vous avez conscience d'être piégé, au moins vous ressentez le désir de vous en sortir, et aurez donc une chance d'y parvenir. Si vous ne réalisez pas votre état de dépendance, vous n'aurez aucun désir d'en échapper et ainsi pas la moindre chance de succès.

Mon objectif, dans ce chapitre, est de vous ôter l'illusion que votre enfant est à l'abri du tabagisme. Débarrassez-vous donc de tout excès de confiance à ce sujet. Même les dix jeunes filles qui avaient su dire non à cette première cigarette n'étaient pas tirées d'affaire, tout comme celles qui ne l'avaient expérimentée qu'une seule fois. Cela ne leur garantissait en aucun cas une immunité définitive contre le tabagisme. Le danger ne disparaît pas à la fin de l'adolescence, il persiste tout au long de la vie. Un nouveau petit ami, un changement d'environnement, un nouveau travail, de nombreux facteurs peuvent amener un jeune ou un adulte à essayer une première cigarette ou à renouveler l'expérience.

Nous recevons régulièrement, dans nos centres anti-tabac, des patients qui ont commencé à fumer seulement au cours de la trentaine, la quarantaine ou même après cinquante ans. Il n'y a pas d'âge où l'on puisse se considérer à l'abri du tabagisme. À moins, bien sûr, si l'on comprend parfaitement toutes les facettes de ce piège. Mon principal objectif est de vous amener à cette compréhension et d'assurer que votre enfant en bénéficie également. Je vous propose ainsi d'examiner maintenant

L'INCROYABLE INGÉNIOSITÉ DU PIÈGE
DE LA NICOTINE.

4

L'incroyable ingéniosité du piège de la nicotine

Les pièges, quelle que soit leur nature, ont tous la même finalité, attraper une proie, mais diffèrent par la subtilité de l'appât. Dans le cas particulier de la nicotine, le piège a vocation à vous garder prisonnier toute votre vie. L'une des subtilités de la nicotine est de vous persuader que vous restez maître de la situation : vous fumez parce que vous avez choisi de le faire, ce choix résultant d'un attrait pour le réel plaisir ou le véritable réconfort qu'offre la cigarette.

Vous êtes conscient des risques. Les pressions exercées par votre entourage et la publicité directe ou indirecte pour le tabac peuvent tenter de vous inciter à fumer, mais personne ne peut vous y contraindre. Après tout, vous n'êtes pas tombé de la dernière pluie. Vous n'êtes pas dupe, lorsqu'on vous dit que telle nouvelle lessive rend vos vêtements plus blancs que blancs. Ils prétendent la même chose depuis plus de vingt ans. Comment une lessive pourrait-elle rendre votre linge plus blanc que blanc ?

La première vérité qu'il convient d'appréhender sur la nicotine est qu'aucun fumeur ne choisit délibérément de fumer. Il est vrai que nous décidons d'expérimenter cette première cigarette, mais, comme je l'ai expliqué au chapitre précédent, le roi des imbéciles ne choisirait pas de devenir dépendant à la nicotine. Vous avez choisi de lire ce livre. Par contre, vous n'avez pas l'intention de passer le reste de votre vie à le lire.

Heureusement, la plupart des fumeurs sont marqués par le goût infect de cette première cigarette et gardent un souvenir amer de leurs efforts pour inhaler la fumée. Ce goût provient des substances toxiques que dégage le tabac en se consumant.

Les désagréments de cette première expérience nous amènent à prendre conscience instinctivement que respirer cette fumée constitue un acte inévitablement malsain et contre nature. Alors, pourquoi fume-t-on la seconde ? À cause de la pression de notre entourage ? Cette raison est souvent invoquée, mais si mes amis s'injectaient des seringues pleines d'héroïne, je ne pense pas que les voir se piquer suffirait à me donner l'envie de les imiter.

Sommes-nous tentés par cette seconde cigarette parce que nous savons que c'est un goût qui s'acquiert et, qu'en persévérant, nous finirons par y prendre plaisir ? Ce n'est pas logique non plus. Cela voudrait dire que nous avons effectivement, dès le départ, planifié notre accoutumance. Personne ne choisit d'organiser sa dépendance à une forme de toxicomanie, que ce soit la nicotine, l'alcool, l'héroïne ou une autre.

En un sens, le fumeur est déjà piégé dès sa première cigarette. Bien sûr, il ne s'en aperçoit pas sur le coup, pas plus que le poisson mordant à l'hameçon ou la mouche butinant le pollen. Quelle que soit la proie, ce n'est qu'en tentant de s'échapper que le piège est dévoilé. Dans le cas du poisson, cette prise de conscience est presque immédiate. Dans celui de la mouche, ce sera un peu plus long. Pour le fumeur, cela prend généralement des années. En fait, beaucoup de fumeurs passent toute leur existence avec la ferme certitude qu'ils fument uniquement par choix.

L'aspect le plus ingénieux du piège de la nicotine est probablement le goût et l'odeur infects qu'ont les cigarettes. Si l'attrait du piège était comparable à celui de la plante carnivore, si ces premières cigarettes avaient un goût délicieux, un signal d'alarme retentirait immédiatement. En êtres intelligents, nous comprendrions vite pourquoi, par le passé, près des trois quarts des adultes ont été dépendants du tabac, et nous tiendrions compte de l'avertissement. Non seulement cette première cigarette ne ressemble en rien au nectar, mais elle a un goût abject.

Nous avons baissé la garde. Tout semblant de soupçon que nous aurions pu avoir face à une éventuelle accoutumance a été dissipé. Allons, comment pourrait-on devenir dépendant de choses aussi dégoûtantes ?

Les jeunes croient que la dépendance ne peut se concevoir que chez ceux qui apprécient le goût et l'odeur du tabac. Seule une infime minorité de jeunes, refusant de mordre à l'hameçon, n'expérimenteront jamais cette première cigarette, fût-ce par peur, par intelligence ou par instinct. L'immense majorité qui, pour quelque raison que ce soit, va tôt ou tard fumer cette cigarette, mord effectivement à l'hameçon. Ce n'est pas leur intelligence qui détermine s'ils vont tomber dans la dépendance ou réussir à l'éviter. Certains trouvent l'expérience tellement écœurante, qu'ils ne sont pas prêts à subir le parcours initiatique qui leur permettra, un jour, d'inhaler sans tousser ni se sentir malade, et leur ouvrira les portes de ce monde de durs ou d'êtres sophistiqués qui savent apprécier la cigarette.

En réalité, c'est un goût qui ne s'acquiert jamais. Chaque fumeur œuvre afin de se persuader et d'accoutumer son corps à ce poison d'une certaine marque lambda – de cigarette, tabac à pipe ou cigare. C'est un peu comme de travailler dans un élevage de porcs : à la longue, on finit par devenir insensible à l'odeur.

Si l'adolescent se décide à renouveler l'expérience avec une seconde cigarette, il est déjà dépendant. Le piège ingénieux se referme sur une victime de plus.

Regardons maintenant de plus près :

LE MÉCANISME DU PIÈGE.

5

Le mécanisme du piège

Avant de commencer à fumer, nous n'avons aucun besoin de cigarettes. Nous sommes tout à fait capables d'affronter les moments de stress et de profiter pleinement des occasions entre amis. Pour une drogue comme la cocaïne, une ligne correspond à une dose. Mais quand on fume de la nicotine, chaque bouffée d'une cigarette constitue une dose à elle seule. Lorsque vous inhalez cette première bouffée, vous approvisionnez en quelques secondes votre organisme en nicotine. Dissipons d'emblée l'idée fausse que, sans inhalation, vous ne risquez pas la dépendance. La majeure partie de notre existence, la respiration est un processus exclusivement inconscient ; ainsi, vous seriez dupe de croire ne pas inhaler la moindre fumée. La première bouffée prise sur la cigarette sera affreuse. Une fois passée dans le sang, la nicotine absorbée commence tout de suite à quitter l'organisme. Ce phénomène se traduit par une sensation de manque et d'insécurité, que l'on confond souvent avec celle due au stress ou à la faim. La deuxième bouffée, tout aussi dégoûtante que la première, va cependant contribuer à combler le besoin de nicotine ; alors, l'état de manque et d'insécurité laisse place à un sentiment mêlé de confiance, de relaxation, de satisfaction qui sécurise les fumeurs.

Bien sûr, la sensation de manque, comme celle de son soulagement sont au début tellement nuancées que le jeune fumeur ne les remarquera pas. Petit à petit, après chaque nouvelle bouffée, son anxiété diminuera : plus détendu, il gagnera confiance en lui. Il n'en a pas réellement conscience, mais son cerveau, qui enregistre tout, attribue cet effet stimulant à la cigarette. En fait, l'effet stimulant repose simplement sur le soulagement, par cette nouvelle dose de nicotine, de la sensation de manque qui succède à la première prise.

L'aspect certainement le plus navrant du tabagisme est que ce plaisir réconfortant, que la cigarette procure au fumeur, n'est qu'un simple retour au niveau de confiance en soi, à l'état d'apaisement qui l'habitait avant sa première cigarette, c'est-à-dire la sensation de recouvrer son état naturel de non-fumeur.

Les usagers du tabac redoutent, s'ils tentent de cesser de fumer, d'avoir à affronter les troubles physiques liés au manque de nicotine. En fait, ils connaissent déjà ces symptômes, compagnons quotidiens de leur existence de fumeur, qui sont la véritable raison pour laquelle tout fumeur, qu'il soit jeune ou vieux, occasionnel ou invétéré, allume la cigarette suivante.

Vous trouverez peut-être cette thèse quelque peu simpliste et somme toute difficile à croire, que vous soyez d'ailleurs fumeur, ex-fumeur ou même si vous n'avez jamais touché à une cigarette de votre vie. Tout de même, si c'était si simple, les fumeurs comprendraient que ce plaisir, ce soutien ne sont qu'illusions, un peu comme des chaussures trop petites que l'on mettrait pour savourer le plaisir de les enlever ensuite.

Je vous garantis que c'est réellement aussi simple que je le prétends. Le problème est que ces faits originellement simples ont été si bien embrouillés et déformés, que les mécanismes du tabagisme sont entourés d'une extrême confusion. Mon titre de gloire est d'avoir été le premier à comprendre la nature de ce piège et à transmettre ce savoir. Je m'empresse d'ajouter que je ne dois pas cette découverte à la faveur d'un éclair de génie, mais simplement au fruit d'un concours de circonstances et d'événements particuliers de mon existence.

Si c'est réellement aussi simple que je l'ai exposé, pourquoi cela ne saute-t-il pas aux yeux de n'importe quel fumeur ? Je vois plusieurs raisons à cela que je vous propose d'examiner :

1. Depuis la naissance, nos cerveaux sont en permanence littéralement bombardés d'informations affirmant que le tabac soulage le stress, fait passer l'ennui et favorise la concentration et la relaxation. Lorsque, le cas échéant, nous prenons cette seconde bouffée, nous expérimentons effectivement une telle sensation. Alors, pourquoi mettrions-nous cette théorie en doute ?

2. En allumant notre première cigarette, nous sommes déjà nerveux, à l'idée même qu'il s'agit d'une première. En outre, l'enfance et l'adolescence sont des périodes de notre existence généralement plus anxiogènes que l'âge adulte. En fait, le surcroît de nervosité que crée la nicotine en quittant notre organisme est si peu perceptible, qu'il nous est impossible d'en attribuer la responsabilité à la cigarette. Cette sensation est en réalité tellement légère que, durant notre existence de fumeur, nous l'identifions à un besoin de s'occuper les mains, ou simplement à l'envie confuse « J'ai besoin d'une cigarette ».

3. Cela marche à contretemps. Vous ne souffrez du sentiment de vide qu'en l'absence de tabac. Il ne vous vient par conséquent pas à l'esprit de rejeter la responsabilité de ce trouble sur la dernière cigarette consommée. En allumant la suivante, l'impression de vide disparaît immédiatement et vous retrouvez votre assurance. Ce piège est d'une incroyable subtilité. *On peut tromper quelques personnes tout le temps. On peut tromper tout le monde un certain temps. Mais on ne peut pas tromper tout le monde tout le temps*[1]. À mon grand regret, si ! C'est ce que la nicotine a fait depuis des générations. Heureusement, ses jours sont maintenant comptés.

Vous avez encore un peu de mal à accepter cette idée ? Parvenez-vous à imaginer comment les héroïnomanes peuvent s'abaisser au point de s'enfoncer des aiguilles dans les veines ? J'étais persuadé que c'était le prix qu'ils acceptaient de payer pour la sensation d'extase que leur apportait l'héroïne. On peut être euphorique dans bien d'autres situations. Vous souvenez-vous de votre état d'excitation lorsque vous étiez enfant, à l'occasion des fêtes de Noël ou de votre anniversaire ? Avez-vous ressenti le bonheur de revivre ces moments avec vos enfants ou vos petits-enfants ? Ces événements étaient-ils nécessairement précédés d'une phase de terrible déprime ? Bien au contraire, la préparation et l'approche de telles occasions peuvent se révéler des moments tout aussi extraordinaires. L'expérience fut-elle suivie d'une année de dépression, dans l'attente de l'anniversaire ou du Noël suivant ? Non, évidemment, ces moments sont intrinsèquement appréciables et ne doivent pas leur valeur à la noirceur du reste de l'existence.

Est-ce aussi le cas de la dépendance à une drogue ? Imaginez maintenant le calvaire qu'endure un héroïnomane en manque, et le soulagement qu'il éprouve

1. Citation attribuée à A. Lincoln. (*N.d.T.*)

quand il reçoit enfin sa dose d'héroïne. Considérez-vous cela comme une sensation d'exaltation ? Imaginez la souffrance de l'alcoolique privé d'alcool, agité de tremblements, puis sa déchéance et son agressivité après qu'il a bu.

Est-ce que les gens qui n'ont jamais pris d'héroïne s'inquiètent de ne pas en avoir ? Au contraire, l'idée d'utiliser une seringue et d'être dépendant de cette terrible drogue les abomine. L'héroïne ne vous amène guère au paradis, elle se contente de vous plonger dans le spleen. Les non-fumeurs sont-ils pris de panique lorsqu'il est interdit de fumer ? Ils ne peuvent pas comprendre que l'on puisse dépenser des fortunes à mettre sa santé en péril pour le plaisir de porter à sa bouche ces tiges répugnantes. D'ailleurs, avant qu'il ne tombe dans le piège, le futur consommateur de nicotine partage cette incompréhension.

Le fumeur est convaincu que le tabac recèle un véritable réconfort, un réel plaisir, et que les risques pour la santé, la léthargie, l'argent gaspillé, la gêne respiratoire, la toux, la saleté, l'esclavage… ne sont que le malencontreux prix à payer pour avoir le droit de profiter de ce plaisir ou de ce réconfort.

L'effet « plaisir » serait-il le même si vous portiez la cigarette allumée à l'oreille plutôt qu'à la bouche ? Pas le moins du monde, évidemment. Mais alors en quoi exactement le fumeur prend-il du plaisir à tenir en bouche cet objet répugnant et à en inspirer la fumée ? Certainement pas pour le goût, on sait bien qu'il ne s'agit pas d'une séance de dégustation, on n'avale pas la cigarette. Croyez-vous qu'un fumeur renonce au tabac si la marque qu'il fume habituellement est introuvable et qu'il n'a sous la main que des marques qu'il prétend, en temps normal, détester ? Il préférera se rabattre sur un vieux bout de ficelle plutôt que de s'abstenir.

On trouve des fumeurs qui soutiennent dur comme fer qu'ils se sont mis à fumer pour l'odeur agréable du tabac. Allons ! La rose sent mille fois meilleur que le tabac, et pourtant a-t-on déjà vu quelqu'un fumer des pétales de rose séchées ? Et même si l'on admettait que l'odeur du tabac est si savoureuse, qu'est-ce qui oblige à en fumer les feuilles ?

Certains préfèrent expliquer que la cigarette leur permet simplement de s'occuper les mains. Si vous leur suggérez de plutôt tripoter un crayon, passe-temps à la fois moins onéreux et moins risqué, vous passerez pour un illuminé.

D'autres vous diront que la cigarette les aide à chasser l'ennui. Demandez-leur ce qu'ils trouvent de particulièrement captivant à se mettre une cigarette aux lèvres et à la brûler ; ils seront bien en peine de répondre.

D'autres encore arguent que le tabac favorise la concentration. Invitez-les à préciser comment une cigarette peut aider la concentration : ils resteront à court d'arguments. Il est fréquent d'entendre les fumeurs disserter sur le plaisir de pouvoir se relaxer, une cigarette à la bouche, et insister par ailleurs sur son aide appréciable pour repousser le stress. Étonnez-vous de l'antagonisme de ces situations, l'ennui et la concentration, le stress et la relaxation. Ils seront certainement bien embarrassés pour expliquer par quel subterfuge une cigarette produit l'effet inverse de la précédente, tirée quelques instants auparavant d'un même paquet.

Tel autre fumeur, par ailleurs parfaitement intelligent et raisonnable, soutient mordicus que certaines cigarettes, tirées d'un même paquet, sont pourtant meilleures que les autres, particulièrement celles à la fin d'un repas. Essayez donc de convaincre quelqu'un qu'un steak-frites est bien meilleur après une cigarette : vous passerez encore pour un illuminé.

Tout fumeur de longue date, doté d'un minimum de bon sens, aura de lui-même perçu que les justifications avancées ne sont en fait que de pures excuses. En fin de compte, nous finissons presque tous par atteindre ce stade, où nous tenons le tabagisme pour une habitude dont il est difficile de se défaire.

Nous sommes ici en présence d'idées erronées : en premier lieu, celle qu'il est difficile de se défaire d'une habitude. Se débarrasser d'une habitude peut être facile, dans la mesure où l'on a la ferme conviction de vouloir s'en défaire.

L'exemple classique est celui de la conduite à gauche. Lorsque nous, Britanniques, traversons la Manche pour venir en France, nous changeons de côté sans difficulté particulière ; à notre retour, la démarche inverse nous demande encore moins d'efforts pour retrouver notre ancienne habitude.

La deuxième idée erronée est de croire que le tabagisme est une habitude. Malheureusement, de nombreux soi-disant spécialistes en toxicomanie brouillent les pistes en n'employant pas certains termes à bon escient. Les notions de *consommation*, d'*habitude* et de *dépendance* ou d'*addiction* revêtent des sens différents. La *consommation* d'une substance suppose un consommateur pleinement maître de la situation, à même de réellement décider d'arrêter ou de poursuivre. La *dépendance* ou l'*addiction* supposent que la victime a perdu sa maîtrise de la situation. L'*habitude* semble faire référence à un état mal défini, peut-être à mi-chemin entre les deux cas précédents : n'est-ce qu'une consommation maîtrisée ou tend-on déjà vers la dépendance ?

Vous devez bien comprendre que la dépendance à une drogue n'est en rien une habitude, mais un piège particulièrement fourbe. Revenons à l'analogie, présentée dans le chapitre précédent, avec la mouche attrapée par la plante carnivore. Ce n'est pas l'habitude qui la pousse à s'aventurer près de la plante, mais l'irrésistible attrait de son parfum. Elle n'en sirote pas le pollen par habitude, mais parce que le goût lui plaît. À cet instant, l'insecte pourrait se considérer comme un *consommateur*. Mû par la certitude d'être maître de son sort, il se délecte du nectar, sans douter un instant qu'il pourra s'envoler ailleurs quand bon lui semblera. Le jeune fumeur, enfin capable d'inhaler la fumée de cigarette sans tousser, qui maintenant croit dur comme fer qu'il fume pour ce plaisir ou ce réconfort que lui procure le tabac, n'est-il pas dans la même situation ?

La mouche, comme le fumeur, finira par réaliser qu'elle est victime d'un piège. Mais à quel instant précis le piège se referme-t-il ? Pour l'insecte, cela correspond au moment même où, attiré par l'odeur inconnue et alléchante du nectar, il s'est dirigé vers la plante. Dans le cas du fumeur, tout bascule lorsqu'il, ou elle, a pris la décision d'expérimenter sa première cigarette. Certes, je vous l'accorde, parmi les personnes qui n'ont jamais allumé la moindre cigarette, il doit en exister certaines qui ont effectivement su tirer profit des erreurs de leurs aînés, sans forcément avoir saisi la nature exacte du piège. Je reste cependant persuadé que la grande majorité ne doivent pas leur salut à une intelligence supérieure ou à l'accès à des informations plus pertinentes, mais à leur peur des conséquences du tabagisme.

C'est exactement cette peur qui m'a tenu à l'écart de drogues plus dures. Je n'avais en rien saisi la nature de ces pièges-là, mais ma capitulation devant la nicotine fut si rapide, qu'il m'apparaissait clair comme de l'eau de roche que toute tentative avec une drogue plus dure me conduirait inéluctablement à la catastrophe.

Certains jeunes garçons et jeunes filles, plus chanceux que les autres, n'iront pas au-delà de leur première cigarette. Vous pourriez protester que la chance n'a rien à voir là-dedans, et qu'ils ont simplement été plus intelligents que les autres. Je m'inscris en faux. Car, si l'on pousse ce raisonnement jusqu'au bout, s'ils avaient réellement été plus intelligents, ils n'auraient même pas essayé la première. La réalité est que leur première cigarette est si dégoûtante qu'ils en perdent immédiatement toute envie de recommencer. On peut vraiment dire que c'est au petit bonheur la chance.

Supposons un instant que le tabagisme n'est qu'une habitude. Pour quelle raison cette habitude serait-elle si difficile à rompre ? Après tout, à part nous-mêmes, rien ni personne ne peut nous obliger à faire usage du tabac. Si nous décidons solennellement, dès le premier jour, de ne plus jamais toucher une cigarette, pourquoi devrions-nous rencontrer de difficulté particulière ? Il n'est en effet pas question de se forcer à faire quelque chose, mais simplement de l'éviter, ne pas allumer de cigarette.

Qu'advient-il de cette atroce souffrance physique due au manque de nicotine ? Je vous rétorquerais : quelle atroce souffrance ? Questionnez donc un fumeur qui tente de décrocher par sa seule volonté sur la souffrance qu'il endure : il vous dira tout et son contraire, comme en témoigne cette conversation typique :

« Vous dites souffrir physiquement de l'abstinence de cigarette. Pouvez-vous préciser la nature et la localisation de cette douleur ?

– C'est terrible, c'est comme une grippe.

– Votre médecin a-t-il confirmé que ces troubles correspondaient effectivement aux symptômes du manque de nicotine ?

– Pas vraiment. En fait, je ne suis pas allé le consulter.

– Ne pensez-vous pas que vous feriez bien d'aller le voir ? Après tout, si les symptômes sont ceux de la grippe, n'est-il pas possible que ce soit vraiment la grippe ?

– Non, je sais bien que c'est parce que j'ai arrêté de fumer.

– Êtes-vous capable de décrire ces symptômes ?

– Je suis constamment en sueur.

– Les coureurs du 100 mètres aussi, après chaque course, mais cela n'a pas l'air de les déranger. Pourquoi cela vous dérange-t-il ?

– J'ai également du mal à trouver le sommeil.

– Il m'arrive aussi de traverser des périodes où je dors mal. J'imagine que cela arrive à tout le monde. Est-ce si horrible que cela ? »

On pourrait remarquer au passage que si vous proposiez à un fumeur : « Vous allez souffrir de la grippe pendant cinq jours, mais ensuite vous n'aurez plus jamais la moindre envie de fumer », beaucoup seraient prêts à sauter sur l'occasion. Après tout, d'accord, une bonne grippe vous met K.-O., mais vous n'êtes pas forcément irritable, ni au bord des larmes, bref, vous faites « avec ». Le sentiment d'abattement dont souffrent les fumeurs lorsqu'ils tentent de renoncer au tabac n'est pas dû à la souffrance physique par manque de nicotine. J'en ai déjà parlé, le symptôme physique du manque de nicotine est presque imperceptible. Il se traduit par le désir « je veux une cigarette » et disparaît complètement après quelques jours.

Le trauma enduré lorsqu'on cesse de fumer est un mélange confus de peur et de dépression. Les candidats à l'arrêt demeurent convaincus de faire là un véritable sacrifice. Ils considèrent le tabac à la fois comme un plaisir et un remontant, aidant à évacuer le stress et supporter l'ennui, et favorisant la concentration et la relaxation. Si cette confusion accapare leurs pensées à l'instant où ils écrasent ce qu'ils espèrent être leur dernière cigarette, elle les accompagnera tout le reste de leur vie. Plus tard, chaque fois qu'ils s'ennuieront, qu'ils seront stressés, qu'ils ne parviendront pas à se concentrer ou que leurs amis en grilleront une à l'occasion d'un bon repas, une petite voix leur dira : « À quoi bon ce sacrifice ? » Et tôt ou tard, tôt probablement, ils en allumeront *juste une seule* et le cercle vicieux sera à nouveau relancé.

Ce chapitre vise à vous aider à comprendre que l'unique raison qui pousse un fumeur à allumer une nouvelle cigarette est semblable à celle qui pousse l'héroïnomane à s'injecter sa dose suivante : ce n'est pas l'authentique plaisir qu'il en retire, mais le désir de soulager la sensation de vide et d'insécurité déclenchée par la première dose et perpétuée par les suivantes. Que ce soit la nicotine ou l'héroïne, le mécanisme est rigoureusement identique.

Que vous soyez fumeur, ex-fumeur ou non-fumeur, vous avez peut-être encore un peu de mal à accepter cette idée : n'y a-t-il d'autre raison que d'essayer d'effacer l'impression de vide et d'insécurité perpétuée par la première cigarette en date ?

Plongeons-nous deux cents ans en arrière. Vous tenez ce livre entre les mains et mon discours a un air bien connu : « Faites-vous à l'idée qu'il n'y a aucun plaisir à priser du tabac. Le tabac contient une substance, la nicotine, à laquelle vous avez développé une dépendance. Priser n'est qu'un artifice dont la seule vocation est d'inhaler la nicotine : c'est elle la cause du problème. »

On compte par milliers des ex-fumeurs maintenant accros au chewing-gum à la nicotine. Beaucoup n'ont même pas complètement supprimé la cigarette. On en retrouve certains dans nos centres, qui souhaitent apprendre à se libérer des chewing-gums ! Plus récemment, la mode est passée aux patchs à la nicotine, il est vrai promus à renfort de vastes campagnes de publicité. Une patiente du centre antitabac de Raynes

Park, à Londres, avouait qu'elle retire son patch trois fois par jour, le temps de partager une cigarette avec son mari, et le remet ensuite en place à l'aide d'un ruban adhésif. Devrons-nous, d'ici quelques années, demander à nos patients : « Honnêtement, combien prenez-vous de patchs par jour ? » Les accros à la nicotine, dans une vingtaine d'années, viendront-ils fanfaronner qu'ils ne *portent* que deux patchs par jour ou qu'ils ne les mettent que lors de soirées mondaines ? Entendrons-nous de semblables propos : « Ce n'est pas un besoin, mais un plaisir… quoi de plus relaxant qu'un petit patch après un bon repas ? »

Si vous trouvez que je fais là preuve d'une imagination par trop débordante, mettez ces mêmes commentaires dans la bouche de nos ancêtres qui prisaient le tabac. C'est effectivement le type de raisonnement par lequel les priseurs de tabac justifiaient leur pratique, qui nous semble aujourd'hui tellement désuète. Alors pourquoi les porteurs de patchs n'useraient-ils pas de semblables arguments ?

Dans un même ordre d'idées, croyez-vous que les cocaïnomanes *sniffent* parce qu'ils adorent *sniffer* ou parce que c'est le rituel qui leur permet d'absorber leur drogue ? Les priseurs de tabac sniffaient le tabac pour la même raison, absorber leur dose de nicotine, dont ils étaient tout simplement dépendants. La prise de tabac fut un temps considérée comme un passe-temps parfaitement sociable. En vérité, il s'agissait d'une addiction dégoûtante et, à l'instar des fumeurs avec leurs clinquants briquets ou leurs luxueux étuis à cigarettes en argent, les priseurs de tabac entretenaient l'illusion par de superbes tabatières.

Pensez-vous que les héroïnomanes s'injectent l'héroïne parce qu'ils raffolent des piqûres ? La seule justification de leur geste est l'espoir que cela les soulagera de l'impression de vide et d'insécurité dont ils souffrent. Ils n'ont cependant pas conscience que c'est la première dose qui a commencé à créer ce vide, et que toutes les doses suivantes ne font qu'entretenir et accroître ce terrible manque jusqu'à les emporter.

LES FUMEURS SONT EXACTEMENT DANS LA MÊME SITUATION.

J'affirmais précédemment que la seconde bouffée ne soulage que partiellement le sentiment d'insécurité que la première a créé. L'explication tient dans la dualité de la nicotine, à la fois drogue et poison violent. Notre système immunitaire s'accoutume progressivement aux drogues et aux poisons. En fait, l'apprentissage de la cigarette nc prend réellement fin que lorsqu'on sait inhaler la nicotine et les autres substances contenues dans la fumée d'une certaine marque de tabac que nous avons sélectionnée, sans tousser ni faire la moindre grimace. Après une courte période, pour peu que l'on fasse preuve de persévérance, on est enfin accoutumé à ce goût et cette odeur si particuliers.

Au fur et à mesure que l'accoutumance s'installe, nous nous éloignons irrémédiablement de l'état de relaxation et de sérénité dont nous pouvions jouir avant la toute première prise. On pourrait légitimement imaginer, face à une occupation aussi malsaine, dégoûtante, dangereuse et coûteuse que le tabagisme, que la consommation tende naturellement à diminuer. Nous savons bien que la réalité est tout autre. Plus la drogue vous entraîne dans sa spirale, plus forte est l'illusion de la dépendance et plus la consommation s'accélère.

Ma méthode tire toute sa force de sa simplicité, c'est en effet le titre de mon livre : *La Méthode simple pour en finir avec la cigarette.* J'affirme qu'il est réellement facile pour n'importe quel fumeur d'arrêter, à condition qu'il saisisse bien toute la subtilité des mécanismes du tabagisme. Aider chaque fumeur à comprendre qu'il est facile d'arrêter n'est cependant pas une entreprise facile. Dans mes centres de thérapie, une séance de quatre heures suffit en général pour en convaincre la majorité des fumeurs. Malheureusement, il en reste toujours certains que nous ne parvenons pas à convaincre.

Nous sommes ici dans une situation similaire, avec ce livre intitulé *La Méthode simple pour aider vos enfants à arrêter de fumer.* Personne ne mesure aussi bien que moi la difficulté de convaincre des jeunes filles et des jeunes garçons de cesser de fumer, une fois qu'ils sont déjà accros. Personne ne sait aussi bien que moi avec quelle facilité ces jeunes tombent dans le piège tendu par la cigarette.

Je ne saurais décrire la frustration que j'éprouve quand je croise, au cours de mon jogging matinal, ces jeunes écolières tirant sur leur cigarette comme s'il s'agissait de la chose la plus merveilleuse au monde. Si seulement je pouvais leur expliquer. À mon grand désarroi, l'occasion ne m'en est pas offerte. Je suis convaincu que vous aussi n'hésiteriez pas à solliciter mon aide pour convaincre vos enfants. Il me serait tout à fait impossible de toucher un si large auditoire, à moins que l'on ne m'octroie, par extraordinaire, un temps d'antenne suffisant sur une chaîne de télévision. Mais pour vous, c'est possible. Peut-être trouvez-vous la communication avec vos enfants difficile. Mais dans la situation actuelle, c'est là leur seul espoir. Je dispose des connaissances nécessaires, mais je n'en ai pas les moyens. Les instances publiques pourraient disposer de moyens adéquats, mais elles ne disposent pas des bonnes informations. Les enseignants n'ont ni l'un ni l'autre.

Le cas de vos enfants est entre vos mains ; nous pouvons, entre nous soit dit, leur faciliter la tâche pour qu'ils échappent à toute dépendance. Comment puis-je encore garder espoir d'aider ces jeunes à éviter le piège des drogues tout au long de leur vie, après ma douloureuse expérience au collège de filles, dont j'ai fait écho au chapitre 3 ? J'avoue que de telles épreuves m'ont parfois réduit au désespoir et conduit à me demander si le combat n'était pas perdu d'avance.

Mais cet épisode m'a également donné à espérer. Ces filles ne se sont pas moquées de moi. Elles m'ont au contraire impressionné par leur maturité, écoutant tout ce que j'avais à leur dire. Le professeur qui m'avait invité m'a, par la suite, informé que ma visite en avait convaincu plusieurs de renoncer à la cigarette. Je ne sais pas combien ont réellement arrêté définitivement, je suppose une proportion relativement faible. Mais, sachant que j'ai été le premier et le seul à leur dépeindre la cigarette sous cet angle nouveau, imaginez l'impact si leurs parents et l'ensemble de leur entourage reprenaient ce même discours.

Pourquoi nos enfants tombent-ils encore dans le piège de la drogue ? Parce que les autorités elles-mêmes ne comprennent pas la nature de ce piège. Elles se contentent souvent d'avertir les jeunes des risques sur la santé liés aux drogues et à la cigarette. On pourrait en dire autant des risques encourus à conduire une moto. Le piège de la nicotine est aujourd'hui exactement le même qu'il était le jour où il m'a attrapé.

Tout le monde a maintes et maintes fois entendu que le tabac peut provoquer un cancer du poumon ou une autre terrible maladie. Mais l'on sait aussi qu'une simple petite cigarette ne peut pas à elle seule avoir de telles conséquences. Il n'y a donc aucune raison d'avoir peur d'essayer une cigarette. Cette première expérience sera extrêmement désagréable, effaçant ainsi toute crainte que l'on aurait pu avoir de devenir accro. C'est comme cela que l'on devient dépendant, offrant une proie de plus à ce piège incroyable.

Pour venir en aide à votre enfant et lui éviter de figurer parmi les futures victimes du tabagisme, il vous faut vous-même comprendre la nature exacte de ce piège. Il est essentiel que vous vous rendiez compte que le tabac n'apporte aucun bénéfice. Attention, mon intention n'est pas de soutenir que le tabagisme présente bien plus d'inconvénients que de points positifs, mais bien d'affirmer haut et fort qu'il n'a aucun avantage. Pour moi, cette pratique est synonyme de se cogner la tête contre le mur pour avoir le plaisir d'arrêter.

Je me suis donné un mal de chien pour expliquer cela, en particulier dans *La Méthode simple*. Cependant, l'objectif de ce livre n'est pas de vous aider à arrêter, mais de vous permettre d'aider votre enfant à éviter ce traquenard. Si vous doutez d'avoir vous-même pleinement appréhendé la nature du piège, vous n'avez aucune chance d'être capable de l'expliquer à votre enfant. Par conséquent, je vous conseille vivement de lire, avant toute démarche envers votre enfant, mon ouvrage, *La Méthode simple pour en finir avec la cigarette*.

J'y dépeins le piège de la nicotine comme l'escroquerie la plus ingénieuse que l'homme et la nature ont élaborée ensemble et j'y explique comment les jeunes sont attirés dans cette arnaque. Examinons maintenant :

LES SUBTILITÉS QUI ENTRETIENNENT
LA DÉPENDANCE.

6

Les subtilités qui entretiennent la dépendance

De nombreux parents ne parviennent pas à saisir par quel cheminement leurs enfants tombent dans le tabagisme ou dans une autre drogue. Pour ceux qui, comme moi, mesurent l'incroyable ingéniosité du piège de la nicotine, le miracle est, au contraire, qu'autant d'enfants parviennent à s'y soustraire.

Je soulignais plus haut pourquoi, en allumant cette deuxième cigarette, vous êtes déjà dépendant. Même sans être fumeur, mais seulement régulièrement exposé au tabagisme passif, le pire n'est pas l'inhalation des fumées toxiques : vous absorbez également de la nicotine, et votre corps souffre du syndrome de manque. Il y a plusieurs décennies, il était pratiquement impensable de pénétrer dans un café ou un restaurant sans être noyé dans un épais nuage de fumée de tabac : les jeunes étaient alors, à leur insu, initiés au tabac avant même leur première cigarette. Il n'est pas étonnant que les fumeurs représentaient alors les trois quarts de la population adulte.

Il est une autre confusion très répandue : l'idée selon laquelle, en franchissant sans tabac le cap de l'adolescence à l'âge adulte, les jeunes sont définitivement à l'abri. Nous recevons régulièrement, dans nos centres antitabac, des patients qui, devenus fumeurs très tardivement, nous apportent la preuve du contraire. La majorité d'entre eux a basculé à une époque de leur vie où ils étaient confrontés à un fort tabagisme passif, souvent sur leur lieu de travail et particulièrement dans les bars, les casinos, les discothèques, et autres forteresses où le tabac règne sans partage.

Les autorités tendent à attribuer la principale responsabilité du tabagisme des jeunes aux facteurs suivants, dans l'ordre d'importance décroissante :

– la publicité (directe ou indirecte) / le marketing pour le tabac ;

– l'exemple des parents ;

– la pression de l'entourage.

On parle beaucoup du tabagisme passif depuis quelques années, mais uniquement sur le plan du droit de chacun à respirer un air pur. Curieusement, on passe totalement sous silence l'idée que cela pourrait entraîner au tabagisme les personnes exposées. J'affirme que la raison pour laquelle la dépendance à la nicotine se répand plus rapidement qu'une épidémie de rhumes est qu'il n'est point nécessaire d'être soi-même fumeur pour devenir dépendant. On peut en effet le devenir par une exposition régulière au tabagisme passif.

Quoi d'autre pourrait-il expliquer que quelqu'un qui a résisté, pendant près de 50 ans, à la publicité, au mauvais exemple de ses parents et à la pression de son entourage, éprouve subitement le besoin d'allumer une cigarette ? Quoi d'autre pourrait expliquer que c'est lors de circonstances sociales, alors que la concentration de nicotine dans l'air est au plus haut (ce que j'appelle les *retombées nicotiniques*), que des individus qui se sont abstenus pendant des années succombent à l'irrésistible tentation d'en fumer *juste une* et finissent par retomber dans le piège ?

Je suis convaincu que le facteur le plus déterminant du tabagisme des jeunes est l'inhalation de nicotine, qu'elle soit volontaire, passive ou une combinaison des deux. Je suggère ainsi d'amender la précédente liste des facteurs responsables du tabagisme des jeunes, en plaçant l'inhalation de nicotine en haut du podium, et en inversant complètement l'ordre des autres causes.

J'ai cru pendant de longues années que la pression de l'entourage était le facteur le plus influent chez les jeunes. Cela joue, à l'évidence, mais je suis dorénavant persuadé que le déclic est essentiellement lié à la probabilité que les copains lui offrent une cigarette et non le fait d'une réelle pression. L'immense majorité des non-fumeurs, quel que soit leur âge, juge le tabagisme comme une habitude ridicule, sale, malsaine et coûteuse. Ils ont tendance à considérer les fumeurs sous un même jour. Je me souviens clairement que, adolescent, c'est avec cet état d'esprit que je voyais mon père, même si par ailleurs je le respectais et lui vouais une admiration sans bornes. Je me souviens aussi clairement que, loin de les envier, je plaignais mes amis fumeurs. Du moins, jusqu'au jour où, à mon tour, j'ai succombé à la cigarette, car ma vision des choses fut ensuite bouleversée.

Je me demande quelle perception était donc correcte : celle que j'avais avant de fumer et que j'ai maintenant ou celle que j'avais pendant les dizaines d'années où j'étais envoûté par cette substance insidieuse. Je suppose que vous saurez répondre à cette question sans mon aide.

J'ai déjà évoqué la faible incidence de l'exemple parental sur le tabagisme des enfants. Je ne serais cependant pas surpris s'il était avéré que les enfants de parents fumeurs ont plus de chances de devenir fumeurs que les autres. À mon avis, ce n'est pas par mimétisme, mais à cause de leur plus grande exposition aux *retombées nicotiniques*.

Il est une statistique que j'espère vous m'aiderez à établir : les enfants dont les parents ont pris la peine de lire ce livre, de s'en imprégner et d'en suivre les instructions sont infiniment moins susceptibles de tomber dans le piège de la nicotine ou d'une autre drogue que les autres.

L'affirmation suivante vous fera certainement bondir. Même si je répugne à souscrire à toute proclamation émanant de l'industrie du tabac, je suis persuadé que la publicité pour une marque de tabac n'incite pas plus un adolescent, ou un adulte d'ailleurs, à se mettre à fumer, que la dernière publicité vantant les mérites de la lessive X ne le persuade de courir en acheter un paquet.

L'industrie du tabac prétend que la publicité vise à convaincre les fumeurs – donc des personnes déjà dépendantes à la nicotine – de choisir leur marque plutôt qu'une autre. L'argumentaire navigue immanquablement dans le registre habituel des bénéfices attribués à la cigarette : « telle marque vous donnera plus de plaisir ». Ce que je tiens à souligner, c'est que vous ne pouvez pas persuader quelqu'un de devenir drogué. Imaginez de gigantesques panneaux d'affichage vantant les mérites d'une marque d'héroïne. Seriez-vous tenté de courir l'acheter ? Certainement pas, mais un héroïnomane, lui, se laisserait peut-être tenter. Et, pour en finir avec la lessive, en supposant que votre enfant fasse sa propre lessive, et qu'il ne soit pas satisfait de la marque qu'il utilise, alors peut être la publicité pour la marque X aurait prise sur lui.

Je suis persuadé que non seulement la publicité pour le tabac ne favorise pas le tabagisme des jeunes, mais qu'elle contribue à les rendre méfiants à l'égard de la cigarette. Leur jeunesse ne les prive pas d'intelligence et de lucidité. Ils ont grandi dans l'omniprésence de publicités agressives. Ils se sont certainement forgé une résistance naturelle face à la publicité, comme nous d'ailleurs. Ils ne croient pas plus que nous que la lessive X lave plus blanc simplement parce que la publicité le proclame. Comme nous, tous sont parfaitement conscients des vraies motivations de l'industrie du tabac et savent prendre leurs distances.

Vous pourriez à juste titre me rétorquer : « En quoi ces considérations me sont-elles utiles ? Si la publicité est réellement étrangère au tabagisme des jeunes, ne pouvez-vous pas plutôt vous focaliser sur les éléments essentiels qui m'aideront à empêcher mon enfant de fumer ?

Pour répondre à ces questions, un retour en arrière sur l'histoire récente du tabagisme s'impose. Lorsque j'étais enfant, le tabac était considéré par la vaste majorité de la société occidentale comme une habitude sociale convenable, agréable, certes malsaine et légèrement dégoûtante. Cependant, la majorité de la population adulte fumait, et les non-fumeurs faisaient un peu figure d'originaux, voire d'handicapés sociaux. Ils donnaient l'impression de prêtres débarquant au milieu d'un enterrement de vie de garçon.

Et puis ce fut le coup de théâtre : le tabagisme était bien plus qu'une simple habitude malsaine. Il était désormais clairement établi que le tabac augmentait fortement les risques de cancer du poumon. Beaucoup de fumeurs saisirent l'occasion et décidèrent d'arrêter, mais la majorité a persisté. Tous s'accordaient désormais à l'idée que le tabagisme allait probablement péricliter, faute de nouveaux adeptes. Étonnamment, il continua à rallier chaque année de nouveaux fumeurs.

En dépit de cela, la proportion de fumeurs chez les

adultes diminua progressivement, jusqu'au point où les non-fumeurs furent majoritaires. Cette inversion passa alors inaperçue, mais les effets sur l'industrie du tabac furent drastiques.

FUMER ÉTAIT DÉSORMAIS UNE ATTITUDE SOCIALEMENT INCONVENANTE.

Ne vous leurrez pas : le tabagisme en soi n'avait pas évolué d'un iota. Seule changeaient la perception et la connaissance que la société en avait.

Parmi les fumeurs que ma méthode a permis de libérer de la tyrannie du tabac, nombreux sont ceux qui m'ont attribué une part de responsabilité dans ce changement sociétal. J'en serais sincèrement flatté au plus haut point, si cela pouvait être vrai.

Gardons les pieds sur terre. Je saurais peut-être persuader certains fumeurs de renoncer à la cigarette. Mais il n'est pas en mon pouvoir d'amener par la force des fumeurs dans mes centres de thérapie. Et même si ce l'était, la première chose qu'ils feraient en sortant serait d'allumer une cigarette.

Je ne peux m'attribuer le mérite d'avoir suscité, chez des millions de personnes, le désir de renoncer au tabac. J'ai en revanche celui d'avoir découvert une méthode qui peut permettre à n'importe quel fumeur d'en finir avec la cigarette, facilement et définitivement, dès lors qu'il, ou elle, a pris sa décision.

Le livre qui nous concerne ici est consacré à deux objectifs distincts. Le premier est d'éviter que des jeunes filles et jeunes garçons ne se mettent à fumer. Mais vous êtes-vous demandé quel intérêt ces jeunes auraient-ils à suivre une session ou lire un ouvrage traitant d'un problème auquel ils sont fermement convaincus ne jamais être confrontés ? Vous les convaincrez sans peine de se faire vacciner contre l'hépatite, s'ils veulent aller dans un pays où la maladie prévaut. Ils reconnaîtront en effet sans sourciller leur vulnérabilité face au virus. Mais avec les drogues et en particulier le tabac, ils se croient maîtres de la situation. À quoi bon se prémunir contre un risque qui ne pourra jamais les menacer ? C'est du moins ce dont ils sont persuadés.

Si vous alliez visiter les chutes du Niagara, vous viendrait-il à l'idée de suivre un cours pour apprendre à résister à l'envie de vous jeter dans le vide ?

Le second objectif de ce livre concerne les jeunes qui sont déjà accros à la cigarette, souvent sans s'en rendre compte. Ils constituent un public encore plus difficile à sensibiliser que ceux qui n'ont jamais touché une cigarette. Au moins, ces derniers ne sont pas exposés à la tentative de sabotage orchestrée, de l'intérieur de leur organisme, par la nicotine qui tente de contredire mon discours. Puisqu'ils n'ont nullement envie – ils ont au contraire de bonnes raisons de souhaiter continuer à fumer – pourquoi devraient-ils prendre la peine de prêter une oreille attentive à un vieux schnock comme moi, ou comme vous d'ailleurs ?

Je tiens à insister : les raisons qui poussent les adultes à se soustraire au tabac n'ont pas de prise sur les jeunes, ne les empêchant ni de continuer ni de commencer à fumer. C'est dommage, mais acceptons les faits tels qu'ils sont. Des efforts considérables ont été déployés en pure perte par des gens bien intentionnés pour tenter de convaincre les uns de ne pas commencer et les autres d'arrêter de fumer. Au risque de me répéter, si ces entreprises avaient été couronnées de succès, je n'aurais pas eu besoin d'écrire ce livre et vous ne le liriez pas. Acceptons donc le fait simple et incontestable que ces tentatives sont vaines.

Supposons maintenant que je parvienne à vous convaincre et qu'à votre tour, vous convainquiez vos enfants de renoncer au tabac, qu'ils soient non-fumeurs ou déjà dépendants. Ce serait extraordinaire. Et si l'un de nous deux échoue ? Nc serait-ce pas bien plus facile si toute l'énergie consacrée en pure perte par les autorités était employée à supprimer les vraies raisons qui poussent nos enfants à fumer ou qui les maintiennent dépendants ?

Les fumeurs s'évertuent à mettre en garde leurs enfants contre le tabagisme. Mais en même temps, ces mêmes enfants subissent un matraquage quotidien de ces mêmes fumeurs, qui soutiennent que la cigarette les aide à évacuer le stress et à supporter l'ennui, et qu'elle favorise la concentration et la relaxation. Doit-on s'étonner que finalement beaucoup se laissent entraîner à tenter l'expérience ? Une vie entière à refuser cette première cigarette, c'est interminable, surtout face à un véritable conditionnement aux merveilleux avantages que procure la cigarette. D'accord, il y a aussi un matraquage sur les risques de maladies, mais, vous le savez bien, une cigarette ne va pas vous tuer.

Il est logique de considérer cette première expérience comme une sorte de test. Elle devrait vous permettre de prendre, en toute connaissance de cause, la décision de poursuivre ou non dans cette voie. Dans le cas du tabagisme, cette première cigarette est affreuse. Alors pourquoi voudriez-vous renouveler l'expérience ? Parce qu'un *petit monstre* de nicotine, semblable à une sensation de faim, a investi notre organisme et il faut dorénavant le nourrir. Il n'y a pas lieu de s'inquiéter quant à une éventuelle dépendance, pense-t-on : les fumeurs ne deviennent accros que s'ils trouvent cela plaisant, et cette seconde cigarette est aussi désagréable que la première.

Une autre facette de l'incroyable ingéniosité de ce piège est que son déclenchement est si lent et progressif que nous n'avons aucune conscience de nous faire attraper. C'est un peu comme le vieillissement : nous voyons chaque jour le même visage dans le miroir. Ce n'est que si l'on regarde une photographie prise dix ans auparavant que le changement nous saute aux yeux. Et même là, nous acceptons rarement la réalité : il nous est bien plus facile de dire : « j'ai l'air si jeune sur cette photo ! » que de reconnaître : « j'ai vraiment l'air vieux maintenant ». La nature nous fait ce don bien appréciable : elle nous amortit le choc.

Mais la lenteur de cette métamorphose joue en notre défaveur lorsqu'il s'agit des toxicomanies. Parce que, les premiers jours de notre initiation au tabac, l'impression de vide et d'insécurité liée au besoin physiologique de nicotine est quasiment imperceptible, et parce que au début nos cigarettes sont éparses, nous ne prenons pas conscience de ce qui se trame. Cette impression de vide nous paraît anodine.

Nous refusons de voir que nous sommes imperceptiblement passés du stade initiatique, où nous acceptons ces cigarettes bienveillamment offertes par nos amis, à celui où nous faisons l'effort de demander une cigarette. En peu de temps, l'enthousiasme de nos amis à nous approvisionner s'est passablement émoussé. De fil en aiguille, nous achetons maintenant nos propres paquets de cigarettes – nous avions pourtant juré ne jamais être assez stupides pour en arriver là. En un clin d'œil, nous ne nous contentons plus seulement de les acheter, elles nous semblent indispensables. Beaucoup de fumeurs sont pris de panique à l'idée même de ne pas avoir de cigarette sur eux.

Si vous demandez à un adolescent fumeur débutant pourquoi il fume, il répondra quelque chose du genre

« j'aime bien » ou « c'est agréable ». À l'évidence, ce n'est pas le cas : il inhale avec difficulté et a l'air mal à l'aise :

« Qu'est-ce qui te plaît particulièrement dans la cigarette ?

– C'est le kif.

– Qu'entends-tu par “le kif” ?

– Cela me fait tourner la tête. »

Ne vous risquez pas à lui suggérer qu'il pourrait avoir la même sensation en tournoyant sur lui-même, il ne vous répondra pas. Demandez-lui à nouveau pourquoi il fume, quelques semaines après cette première conversation et maintenant il peut vous certifier qu'il y prend un réel plaisir. Il ne sera pas capable d'en expliquer la raison, mais il est fier de pouvoir avaler la fumée, comme un vrai fumeur, sans que sa tête ne tourne.

Si vous revenez quelques mois plus tard lui poser la même question, il expliquera que la cigarette l'aide à se relaxer, se concentrer et le soulage du stress et de l'ennui. Il aura complètement oublié qu'il n'avait ni besoin ni désir de fumer avant de goûter cette première cigarette, qu'il avait trouvée affreuse. Il ne met nullement en doute le fait que ces mêmes cigarettes lui sont maintenant agréables et lui procurent tous ces bienfaits contradictoires.

Ce piège est parfaitement ingénieux. Pourquoi éprouverait-il à ce stade le besoin d'arrêter ? Il fume relativement peu. Financièrement, il peut se permettre de fumer. Il garde de bonnes relations avec ses amis non-fumeurs. Cela n'affecte en rien sa santé, sans quoi il cesserait de but en blanc.

Imaginez le besoin physique de nicotine comme une démangeaison permanente, presque imperceptible. On est naturellement enclin, face à une démangeaison, à se gratter. Avec la nicotine, cela veut dire « allumer une cigarette ». Mais cette cigarette procure un soulagement seulement partiel et, surtout, seulement temporaire. Cela n'a rien d'un véritable soulagement ; au contraire, la première cigarette a initié la démangeaison et les suivantes ne font que l'entretenir, jusqu'à que l'on décide de rompre la chaîne.

Face à une occupation aussi malsaine, dégoûtante, dangereuse et coûteuse que le tabagisme, on pourrait s'attendre que la tendance naturelle soit plutôt à réduire sa consommation. En situation de dépendance face à n'importe quelle drogue, il est incontestable que la tendance est de vouloir des doses plus fortes et plus fréquentes. C'est d'une logique implacable : au fur et à mesure que votre organisme s'accoutume à cette drogue, celle-ci soulage moins bien l'état de manque et l'illusion du besoin n'est que plus intense.

La tendance naturelle est en fait de fumer cigarette sur cigarette. Et ce qui empêche les fumeurs d'en arriver là, ce sont le cortège d'inconvénients – universellement reconnus – du tabagisme, comme la crainte de maladies gravissimes. Certains fumeurs n'ont de toute façon pas les moyens de fumer à la chaîne, d'autres ne sont pas autorisés à fumer sur leur lieu de travail par exemple. Beaucoup, parce qu'ils fument à contrecœur, passent leur existence à s'imposer des interdits : ne pas fumer dans la chambre, pas avant le petit déjeuner, pas dans leur voiture neuve, pas en compagnie de non-fumeurs, de leurs parents, de leurs enfants…

L'organisme renforce son immunité, réagissant à l'absorption régulière et croissante de doses de nicotine. Mais cela s'accompagne aussi d'une lente détérioration de l'état physique du fumeur, de son système nerveux, de sa confiance, diminuant sa capacité à juguler le manque entre deux cigarettes, et le poussant plus profond dans cet abîme sans fond.

Le fumeur est maintenant conscient d'être victime d'un piège funeste et il sera à plusieurs reprises amené à tenter d'arrêter. Les raisons habituellement invoquées sont, les premières années, le manque d'argent et les années suivantes le risque de maladies.

Une autre subtilité de ce piège se dévoile lorsqu'on arrête de fumer : alors que l'on recouvre sa santé et que les problèmes d'argent commencent à s'estomper, on est miné par la conviction de renoncer à un véritable soutien ou plaisir. La certitude de ce sacrifice à l'égard de la cigarette nous amènera, tôt ou tard, à en allumer une.

L'ultime subtilité, qui caractérise la dépendance à la nicotine comme celle à toutes les drogues, est que la stimulation – illusoire – que le fumeur ou le toxicomane retire est d'autant plus précieuse que sa destruction physique et mentale progresse. Parvenez-vous à comprendre que l'on puisse décider :

PLUTÔT PERDRE MES DEUX JAMBES
QUE RENONCER AU TABAC.

7

Plutôt perdre mes deux jambes que renoncer au tabac

Il m'est très pénible d'aborder ce sujet et c'est à regret que je vous invite à lire ce chapitre. Mais pour aider votre enfant à éviter le piège du tabagisme, vous devez être en mesure de lui expliquer pourquoi chaque fumeur pourrait en arriver à ce stade. Et pour cela, vous devez évidemment le comprendre vous-même.

En nous faisant occulter les conséquences néfastes du tabagisme, ce piège subtil dévoile une nouvelle facette. Je vous ai déjà fait part de la schizophrénie qui torture chaque fumeur au long de la vie. D'un côté la peur : le tabac nous tue, il coûte une fortune, il est malsain, dégoûtant et nous réduit à l'esclavage. De l'autre, le tabac est notre soutien, notre plaisir. En fait, ici aussi il est plus question de peur que d'un réel plaisir, comme en témoigne cette conversation, avec un fumeur.

« Quelle est ta cigarette préférée ?

– Celle à la fin d'un repas.

– As-tu une idée du nombre de repas que tu as pris dans ta vie ?

– Des milliers, je suppose.

– Saurais-tu me dire le nombre de fois où, après un repas, tu te rappelles avoir effectivement pensé : “Cette cigarette est vraiment délicieuse” ?

– Je ne me souviens pas d’une fois particulière.

– Dirais-tu que, comme beaucoup de choses qui nous sont chères, nous les tenons pour acquises, et nous n’en mesurons la valeur que lorsque nous en sommes privés ?

– Oui, je pense en effet que cela résume bien la situation.

– Es-tu d’accord pour dire que lorsque nous avons des cigarettes en abondance, et qu’il nous est permis de fumer, nous les tenons pour acquises ?

– C’est ce que je pense.

– Serais-tu également d’accord que, rétrospectivement, les occasions dont tu te rappelles clairement sont celles où tu te sentais privé de cette fameuse cigarette de fin de repas ou que tu te sentais mal à l’aise d’importuner ton voisin non-fumeur ?

– En y repensant, oui.

– Es-tu toujours d’accord pour dire que, lorsque tu peux fumer, cela ne te fait rien de particulier, et que les cigarettes t’apparaissent si précieuses seulement lorsqu’elles te sont interdites ?

– Oui, il me semble.

– Quelle curieuse occupation : lorsqu’on fume, on ne ressent rien de particulier et ce n’est que si nous en sommes privés que la cigarette nous est indispensable.

– On peut appliquer la même analogie à la respiration.

– Cette remarque est très pertinente. Acceptes-tu de te prêter à une petite expérience ?

– Avec plaisir.

– Je voudrais que tu retiennes ton souffle une minute.

– Je vais essayer…

– Bravo ! Était-ce agréable ?

– Ce n'était pas si terrible.

– Mais ce fut agréable de pouvoir respirer à nouveau ?

– Bien sûr !

– Maintenant, je te prierai d'allumer une cigarette, d'en prendre six profondes bouffées, en te concentrant sur le goût et l'odeur, et de me raconter ce merveilleux plaisir auquel tu as droit et qui m'est interdit. »

Invariablement, avant même la troisième bouffée, le fumeur convient qu'il n'y trouve aucun plaisir et que l'expérience est désagréable. En dépit des apparences, l'analogie entre le tabac et la respiration se heurte à une cinglante contradiction. Bien entendu, respirer va de soi et ce n'est que lorsqu'on en est privé que le besoin d'oxygène nous apparaît si vital. Mais l'oxygène c'est la vie, il est indispensable. Évidemment la cigarette va de soi lorsque nous en avons et, comme pour l'oxygène, sa valeur n'apparaît qu'en cas de privation. Mais la nicotine est un poison, la nicotine est le contraire de la vie.

Les fumeurs ne font que présumer du plaisir qu'apporte la cigarette parce que leur vie sans cigarette est dure à supporter. Cette souffrance est exacerbée lorsqu'ils tentent d'arrêter en usant de leur force de volonté.

Examinons le périple d'un fumeur qui, pour une raison donnée, décide à un moment d'arrêter. Il a, a priori, longuement pesé le pour et le contre, et a conclu ce qu'il savait déjà : les inconvénients l'emportent indiscutablement sur les avantages. Maintenant qu'il s'abstient de toute cigarette, les puissantes raisons qui l'ont convaincu d'arrêter commencent à perdre de leur vigueur. Pendant ce temps, le petit monstre de nicotine, affamé, réclame sa dose. Cette sensation presque imperceptible éveille chez lui un désir : « Je veux une cigarette », et contribue à semer une grande confusion : il avait listé de solides raisons pour lesquelles il ne doit plus avoir cnvic dc fumer et pourtant, pour une raison qui lui échappe, cette envie persiste. Il n'a plus le moral, estime faire un sacrifice et sent toute résistance l'abandonner. Commençant à douter de sa décision, il finit par trouver une excuse pour se remettre à fumer.

Ainsi, le côté *obscur* du perpétuel conflit schizophrénique qui déchire le fumeur n'est pas vraiment : *fumer est un plaisir et un soutien*, mais plutôt : *comment pourrais-je apprécier la vie et lutter contre le stress sans elles ? Pendant combien de temps devrais-je souffrir pour parvenir à me libérer ? Une fois accro, une libération complète et définitive est-elle possible ?* C'est cette peur confuse qui maintient tant de fumeurs dépendants à vie. Pourtant, l'idée que ces peurs soient toutes causées par la cigarette ne leur traversera jamais l'esprit. Les non-fumeurs ne sont ni malheureux ni paniqués de n'être pas autorisés à fumer. Ce serait plutôt le cas si on les contraignait à fumer.

Pourquoi donc les fumeurs, comme les autres toxicomanes, aussi intelligents, rationnels, dotés de volonté qu'ils puissent être par ailleurs, semblent-ils incapables de faire preuve d'une once de rationalité quand il s'agit de leur dépendance ?

Lors d'une récente épidémie de salmonelle en Grande-Bretagne, beaucoup de gens avaient carrément arrêté de manger des œufs. Certains, plus prudents encore que les autres, ne consommaient plus de mayonnaise. Tout compte fait, les victimes de cette épidémie se comptèrent sur les doigts de la main. Les œufs ont incontestablement bien meilleur goût que le tabac. Pourtant, le tabac fait directement 1 200 victimes chaque semaine en France. Et pourquoi plus de 15 millions de personnes continuent-elles à s'infliger ce supplice ?

Parce que la peur de contracter un cancer du poumon est liée au lendemain – j'y ai réchappé jusqu'à maintenant et peut-être cela continuera ainsi. Mais si je cesse de fumer, c'est maintenant que je devrais affronter la souffrance, et qui sait combien de temps cela durera ? Tout le monde a entendu parler d'ex-fumeurs qui, des années après, sont toujours hantés par l'envie d'une cigarette. Et puis, bien sûr, le moment n'est jamais bien choisi. On trouve toujours, dans un avenir plus ou moins proche, une occasion à célébrer ou un événement stressant qui nous accable.

On découvre ainsi une subtilité de plus du piège de la nicotine : le fumeur remet à plus tard le moment fatidique, il occulte les conséquences funestes de la cigarette et toutes les (piètres) excuses lui sont bonnes pour continuer. C'est pour cette raison que quatre-vingt-dix-neuf pour cent des cigarettes sont fumées de manière subconsciente. Si, à chaque cigarette, le fumeur était conscient des fumées cancérigènes qui emplissent ses poumons, conscient qu'il dépensera pour le tabac plus de 70 000 € au cours de sa vie et que cette cigarette-là est peut-être la cigarette de trop, même l'illusion du plaisir partirait en fumée. Malgré nos efforts pour occulter ces mauvais côtés, nous gardons un sentiment de stupidité ; si nous devions en avoir parfaitement conscience à chaque cigarette allumée, ce serait intolérable.

Vous pourriez, soit dit en passant, me reprocher de discuter de l'incidence du tabac sur la santé, alors que j'ai clamé haut et fort que prévenir les jeunes que le tabagisme tue ne les empêchera pas de tomber dans le piège. C'est vrai. De même, s'il était possible de prévenir les mouches que la plante carnivore va les dévorer, on ne les empêcherait pas pour autant de s'y faire prendre. En revanche, si vous pouviez d'abord expliquer à la mouche le mécanisme du piège, la perspective de se faire dévorer suffirait pour la dissuader de toute tentative.

Le piège de la nicotine manifeste aussi son ingéniosité par l'infatigable capacité qu'il déploie à surmonter tous les obstacles. Le jeune promet : « Tu ne risques pas que je paye pour en avoir. »

Pourtant, il finira vite par acheter ses propres cigarettes, qui plus est quotidiennement.

« J'arrêterais si je ne pouvais pas me les payer. »

Ne vous en faites pas, on peut toujours se payer ses cigarettes. Cela fait partie du piège et en souligne une fois de plus la subtilité. Vous consentirez certainement des sacrifices sur la nourriture, vous priverez vos enfants de vêtements neufs, mais même mendiant ou chômeur sans aucune ressource, un fumeur peut toujours se payer des cigarettes.

« Si cela commençait à affecter ma santé, j'arrêterais immédiatement ! »

A-t-il pris le temps de bien se regarder dans la glace récemment ? Pourquoi souffle-t-il au moindre effort ?

J'avais eu vent de ces histoires de fumeurs qui auraient perdu leurs jambes faute de n'avoir su renoncer à la cigarette. Je n'y avais pas vraiment apporté de crédit. De même, beaucoup refusèrent de croire au lien entre le tabagisme et le cancer du poumon lorsque celui-ci fut mis en évidence. Aujourd'hui encore, alors que les statistiques en apportent la preuve irréfutable, certains fumeurs refusent toujours d'y croire.

Les fumeurs n'ont guère besoin d'un grand effort pour occulter la question du cancer du poumon. On peut considérer qu'ils sont disposés à courir ce risque. Mais supposons que l'on puisse affirmer avec certitude que sa prochaine cigarette lui déclenchera un cancer.

Pensez-vous qu'il l'allumerait malgré tout ? Vous ne savez que répondre, tournons la question autrement. Supposons que vous ayez la certitude absolue que l'avion dans lequel vous allez embarquer va s'écraser. Monteriez-vous à bord ? Certainement pas !

Alors, comment est-il possible qu'un fumeur ne parvienne pas à arrêter, alors que son médecin lui a assuré qu'il perdra ses orteils s'il continue à fumer ? Allons, personne ne préférerait le tabac à ses orteils ! Peut-être croit-il que son médecin bluffe, dans l'espoir de l'effrayer suffisamment pour qu'il arrête. Il s'entête et perd finalement ses orteils.

Le médecin lui adresse un nouvel avertissement, lui expliquant qu'il joue maintenant avec ses pieds et peut-être même ses deux jambes. Êtes-vous familier de ce genre de film, où, lors d'un naufrage, un personnage se retrouve piégé dans le navire et son seul salut est de se couper les jambes ? Je ne supporte pas ce genre de cinéma et ne peux pas regarder de telles scènes. De nombreux fumeurs pourtant, face à une telle situation, ne renoncent pas au tabac pour autant. Ils savent que le médecin dit la vérité, car ils ont déjà perdu leurs orteils.

Vous êtes certainement convaincus que, face à ce dilemme, vous renonceriez au tabac. Il vous faut bien comprendre que cela est loin d'être certain. J'étais persuadé que de tels fumeurs étaient des cas extrêmes, illuminés ou fanatiques. Pourquoi ne m'est-il jamais venu à l'esprit que j'étais l'un d'eux ? Je m'étais déjà préparé à y laisser la vie, sans parler de mes jambes, et je m'entêtais pourtant. C'est une autre particularité de la dépendance. On prend conscience de sa déchéance physique, mais pas des répercussions sur le système nerveux, la confiance en soi et le courage. Au contraire, cette drogue passe pour notre meilleure amie ; on s'est laissé abuser. Plus elle nous rabaisse, physiquement et psychologiquement, plus on s'appuie sur cette béquille illusoire. L'existence devient si misérable qu'on en vient à penser : « Si telle est ma vie avec ma *béquille*, je ne peux pas envisager de vivre sans elle. » Il ne vous vient pas à l'idée que c'est cette béquille qui vous a rendu la vie insupportable.

Il y a déjà quelques années, j'ai eu la chance de découvrir la méthode qui permet à n'importe quel fumeur d'arrêter la cigarette sans difficulté. C'est tout simple :

N'IMPORTE QUEL FUMEUR PEUT ARRÊTER
ET TROUVER CELA FACILE.

Il n'est cependant pas toujours évident d'amener un fumeur à comprendre combien il est facile d'en finir avec la cigarette. Nous sommes vous et moi dans des situations similaires. Je vous assure qu'un enfant peut facilement déjouer le piège de la nicotine ou des autres toxicomanies : il suffit pour cela qu'il refuse de prendre la première *dose*. Cependant, en raison de l'ignorance, de la confusion, du lavage de cerveau permanent et de la pression de son entourage, vous n'aurez jamais la certitude absolue que votre enfant ne sera jamais tenté.

J'ai fait référence au film *Vice versa*. J'insiste sur la nécessité de savoir vous mettre à la place de votre enfant, de ne pas sous-estimer les risques et d'éviter de crier victoire trop tôt sous prétexte qu'il affiche une profonde aversion pour la cigarette. Il faut, j'insiste, que vous compreniez toute l'ingéniosité de ce piège, ce qui pourrait se révéler moins facile qu'il n'y paraît à première vue. Mais, réciproquement, votre enfant doit également savoir remettre en question sa vision des choses. C'est à nous de nous assurer de cela, afin que lui aussi saisisse pleinement la nature du guet-apens.

Vous pourriez vous demander pourquoi c'est à vous qu'incombe la lecture de ce livre. Pourquoi ne pas simplement demander à votre enfant de le lire ? Avez-vous déjà assemblé une maquette en kit ? L'assemblage en lui-même est passionnant, mais la lecture de la notice de montage n'est-elle pas une incontournable corvée ? Imaginez maintenant à quel point ces instructions seraient ennuyeuses si vous n'aviez aucune intention de fabriquer la maquette. Ce serait ennuyeux et de surcroît dénué de sens.

Vous avez acheté ce livre par crainte du tabagisme ou d'autres toxicomanies pour votre enfant, qui partage peut-être cette crainte. Paradoxalement, il a justement l'intime conviction de n'avoir aucun besoin de lire ce livre. Comme nous tous avant de commencer, il a la certitude qu'il ne mettra jamais le doigt dans cet engrenage. Mais il se peut également qu'il ne partage pas cette crainte ; il ressent alors encore moins le désir de parcourir ce livre. Dans tous les cas, ce sera à vous de susciter cette envie. Je vous proposerai plus tard quelques idées sur les moyens les plus efficaces d'y parvenir.

La peur du cancer ne m'a pas empêché de fumer. J'étais conscient que la cigarette finirait par me tuer. Contrairement à la grande majorité des fumeurs, persuadés que cela ne leur arrivera pas ou qu'ils arrêteront bien avant d'en arriver là, je redoutais chaque jour de voir le couperet tomber.

Il y a cependant d'autres incidences du tabac sur la santé, que je n'ai découvertes qu'après avoir cessé de fumer. Je suis honnêtement persuadé que si cela avait été porté à ma connaissance lorsque j'étais fumeur, cela m'aurait certainement aidé à arrêter. Et j'ai la certitude que si j'avais su cela avant d'allumer ma première cigarette, je ne l'aurais jamais allumée. Cette connaissance se révélera peut-être déterminante pour aider votre enfant à dire non à cette première cigarette :

LES EFFETS DU TABAC SUR LA SANTÉ.

8

Les effets du tabac sur la santé

Il n'est pas dans mon idée de minimiser les effets de maladies comme le cancer du poumon, les maladies cardiaques, l'artériosclérose, l'emphysème, l'angine de poitrine, la thrombose, la bronchite et l'asthme. Elles sont terribles et il est aujourd'hui impardonnable que notre société sacrifie inutilement des millions de fumeurs, condamnés à des souffrances prolongées et des décès prématurés. Mais il reste avéré que le traitement de choc, pour les raisons que j'ai déjà évoquées, n'est pas efficace contre le tabagisme. Je n'insisterai donc pas plus sur ce point.

Je savais que ma toux chronique et mes fréquentes crises de bronchite et d'asthme étaient directement liées à la cigarette. Mais je parvenais à les supporter ; elles n'allaient pas me tuer. J'assimilais le risque de maladies fatales, comme le cancer et autres affections évoquées précédemment, à une question de chance, comme si l'on jouait à la roulette russe : du moment que l'on n'en contracte pas une, on s'en tire sans une égratignure.

J'ai toutefois l'intime conviction que si j'avais été sensibilisé à l'impact sur mon organisme, je n'aurais pas continué la cigarette. Je fais ici allusion à cet encrassement progressif de notre système sanguin. Passe encore si nous

nous contentions de priver chaque cellule de notre corps de son lot d'oxygène et de substances nutritives, mais nous compensons cet appauvrissement par des composés toxiques comme la nicotine, le monoxyde de carbone, les goudrons et bien d'autres produits dangereux.

Ce processus d'appauvrissement en soi est déjà suffisamment nocif parce qu'il réduit notre souffle et crée un sentiment de léthargie ; mais son effet le plus pervers est qu'il empêche nos organes et nos muscles de fonctionner efficacement. L'effet est, toute proportion gardée, comparable à celui du sida. Cela détruit progressivement notre système immunitaire.

Un corps sain et robuste est paré à affronter les maladies. Notre système immunitaire se révèle être l'arme la plus efficace face aux diverses agressions de notre corps. L'effet du tabagisme le plus préjudiciable à notre santé n'est pas seulement de causer indirectement certaines maladies, mais d'empêcher notre système immunitaire de les combattre efficacement.

De nombreux médecins établissent maintenant un rapport entre le tabac et toutes sortes de pathologies, comme le diabète, le cancer du col de l'utérus ou le cancer du sein. Plusieurs des effets néfastes du tabac sur ma propre santé, dont certains m'ont pourtant fait souffrir durant des années, ne me sont apparus que des années après ma dernière cigarette.

Alors que je regardais avec condescendance les imbéciles passer sur la table d'opération, pour leur nième pontage coronarien ou pour se faire amputer des jambes, l'idée ne m'a jamais traversé l'esprit que je souffrais moi-même depuis des années d'artériosclérose. Mon teint éternellement grisâtre me semblait être un trouble congénital de pigmentation ou le manque de grand air. Cela ne m'a jamais sauté aux yeux, mais c'était simplement la conséquence de l'encrassement de mes vaisseaux. J'avais, à trente ans à peine passés, des varices, qui ont miraculeusement disparu depuis que je ne fume plus. Les dernières années de ma vie de fumeur, des sensations étranges me parcouraient les jambes chaque soir. Pas une douleur aiguë, ni précise, simplement une sensation d'agitation fébrile. Je demandais alors à mon épouse de me masser les jambes. Ce n'est que près d'un an après avoir arrêté que j'ai découvert que ces massages étaient désormais inutiles.

Les dernières années où je fumais, il m'arrivait parfois de ressentir de vives douleurs dans la poitrine, que j'imaginais alors être le signe précurseur d'un cancer du poumon. Rétrospectivement je suppose qu'il s'agissait probablement d'une angine de poitrine. Je n'ai plus eu la moindre douleur depuis.

Enfant, j'avais tendance à saigner abondamment à la moindre blessure. Cela me terrifiait. Personne ne m'avait expliqué que le saignement était en fait un processus naturel et essentiel, et que le sang finissait par coaguler, une fois son action thérapeutique accomplie. Je pensais être hémophile et craignais un jour me vider de mon sang. Des années après, pendant ma période de fumeur, il m'est quelquefois arrivé d'être victime de vilaines coupures. Pourtant, je saignais à peine ; de ces blessures suintait toujours un épais magma brunâtre, dont la couleur me donnait à réfléchir. Je savais bien que le sang est censé être rouge vif, et j'en déduisais que je devais avoir quelque maladie sanguine. J'étais toutefois ravi de sa consistance visqueuse, qui m'évitait tout risque de saignement abondant. Ce n'est qu'après avoir cessé de fumer que j'appris que le tabagisme réduit la fluidité du sang et que cette couleur brunâtre résultait d'une carence en oxygène. J'ignorais alors l'existence d'un tel effet, mais rétrospectivement, cette altération de mon système sanguin est la conséquence du tabagisme qui m'effraie le plus. Quand je repense à mon pauvre cœur s'efforçant, jour après jour, de faire circuler ce fluide incertain au travers de vaisseaux encrassés, sans oublier un seul battement, il tient du miracle que j'aie échappé à une attaque cérébrale et à un infarctus. Cela témoigne de l'incroyable robustesse dont fait preuve notre organisme, du moment qu'on ne s'escrime pas à l'empoisonner systématiquement.

À quarante ans à peine, j'avais déjà la peau marquée de taches de vieillesse, les *fleurs de cimetière*. Au cas où vous ignoreriez de quoi il s'agit, on trouve ce type de marques brunes ou blanches sur le visage et les mains des gens âgés. Je feignais d'en ignorer la présence, supposant qu'il s'agissait de la manifestation d'un vieillissement précoce lié à mon style de vie trépidant. Quatre ans après ma dernière cigarette, un fumeur qui assistait à une session à notre centre de Raynes Park, à Londres, fit remarquer que ses taches avaient complètement disparu après qu'il eut arrêté de fumer. Je découvris alors que les miennes, que j'avais oubliées, avaient également disparu.

Aussi loin que je puisse me souvenir, j'étais victime d'étourdissements fréquents, lorsque je me levais trop brutalement, surtout en sortant de mon bain. J'avais la tête qui tournait presque au point de m'évanouir. Je n'avais jamais fait de rapprochement avec la cigarette. Je pensais que cette sensation était on ne peut plus anodine, que tout le monde la connaissait. Une fois de plus, ce n'est que cinq ans près avoir écrasé ma dernière cigarette que j'entendis un ex-fumeur mentionner qu'il n'éprouvait plus ce genre de sensation. Je pris alors conscience que mes étourdissements avaient disparu et compris leur lien avec le tabagisme.

Vous me prenez peut-être pour un hypocondriaque ? Je crois bien l'avoir été, lorsque je fumais. Un funeste aspect du tabagisme est de nous persuader que la nicotine nous donne du courage, alors qu'en réalité elle l'anéantit peu à peu, imperceptiblement mais sûrement. Enfant, j'avais été choqué d'entendre mon père clamer qu'il ne tenait pas à vivre jusqu'à 50 ans. J'étais loin de penser que, 20 ans plus tard, je serais comme lui frappé de la même absence de joie de vivre. Mais loin de moi l'idée d'habiller, par ces exemples, mon discours de catastrophisme, qu'il soit utile ou non. C'est bien l'inverse ! Dans mon enfance, j'avais peur de la mort. J'étais persuadé que le tabac dissipait cette peur. C'est peut-être le cas. Mais alors, c'est en la remplaçant par une peur bien pire :

LA PEUR DE VIVRE.

J'espère avoir maintenant suffisamment détaillé les subtilités et la nature du piège de la nicotine. Cette connaissance en elle-même pourrait dissuader votre enfant de toute tentative à l'égard du tabac. Mais, à mon avis, il existe un argument bien plus convaincant qui l'aidera à se tenir à l'écart de la cigarette comme de toutes les toxicomanies.

Comme si vous vouliez empêcher les mauvaises herbes d'envahir la pelouse de votre jardin, dissuader votre enfant d'expérimenter sa première cigarette relève en quelque sorte d'une transaction, d'un équilibre établi entre une offre et une demande, que l'on voudrait rompre : on peut soit s'attaquer à l'offre en supprimant tout approvisionnement, soit à la demande, soit aux deux. Ainsi, une solution simple au problème des mauvaises herbes consiste à surveiller jour et nuit la pelouse et d'enlever toute graine indésirable qui y serait apportée par le vent ou les oiseaux.

Ai-je dit *simple* ? C'est incontestablement une mission impossible. Et pourtant, on peut s'en étonner, mais c'est une des principales stratégies traditionnellement adoptées par les autorités pour résoudre le problème de la toxicomanie.

Doit-on déclarer la marijuana illégale ? Doit-on interdire aux mineurs d'acheter des cigarettes ou de l'alcool ? Il semble que l'on n'ait tiré aucune leçon de l'échec de la prohibition aux États-Unis d'Amérique du début du XXe siècle. Cette politique n'y a pas réglé le problème de l'alcool. Elle a de surcroît malheureusement permis le développement d'une autre plaie : la mafia. A-t-on vraiment besoin de renouveler l'expérience ? N'est-il pas évident qu'une suppression de l'offre, loin de réduire la demande, ne conduit qu'à l'exacerber ? Les rationnements de denrées, en temps de guerre, en ont apporté la preuve.

Si l'on revient au jardinage, le meilleur moyen d'éloigner les mauvaises herbes de votre pelouse est de la rendre impropre au développement de toute mauvaise herbe, et donc de s'assurer que le gazon y est dense, afin qu'il ne reste que peu de place pour le développement de graines parasites.

Il vous semble peut-être que je m'écarte du sujet qui nous préoccupe, rappelons-le encore : éviter à votre enfant de tomber dans la dépendance. Les deux sujets sont en fait très similaires. L'herbe qui constitue le gazon est elle-même une plante prolifique. Imaginez donc à quelle vitesse elle se propagerait aux plates-bandes si vous ne la surveilliez pas. On peut ainsi affirmer que la pelouse dispose, à l'origine, d'un atout certain.

Votre enfant débute lui aussi dans l'existence avec certains atouts qui le protégeront de la tentation des drogues : car toute créature sait instinctivement qu'il y a quelque chose de néfaste à inhaler ces poisons, et d'ailleurs tous les jeunes ont le tabac en horreur avant de s'y laisser prendre. Toutefois, nous les avons affublés d'un handicap majeur : loin d'éradiquer leur réceptivité potentielle aux drogues, nous leur avons rabâché dès la naissance qu'ils sont physiquement et mentalement inachevés et qu'ils ne peuvent survivre sans elles.

Je suis effrayé qu'aujourd'hui les jeunes semblent en quête d'un soutien ou d'une potion miracle, comme si un constituant majeur avait été omis lors de leur création, comme si trois milliards d'années d'évolution n'avaient su produire une créature puissante et aboutie.

Ce sentiment de vide, loin de disparaître avec la fin de l'adolescence, se perpétue tout au long de la vie adulte. Nous voyons par exemple dans nos centres des hommes d'affaires confirmés littéralement tétanisés à l'idée de devoir répondre au téléphone sans le secours des cigarettes. Il faut dédramatiser la situation – le téléphone ne va pas leur sauter au visage plus qu'avant – et leur expliquer que ce stress résulte de la dépendance – illusoire ! – à la nicotine, situation que les non-fumeurs ne connaîtront jamais.

La société occidentale a accouché d'une population de névrosés et d'hypocondriaques, persuadés qu'il n'est point de survie sans médicaments. Nous attribuons ce besoin à la terrible pression à laquelle nous sommes confrontés. Mais quelle terrible pression ? Nous avons éradiqué la plupart des sources de stress originelles. En sortant de chez nous, sommes-nous à la merci d'une bête féroce ? Avons-nous besoin de nous soucier de quoi sera fait notre prochain repas, ou de trouver un abri pour passer la nuit ?

Mettons nos vies et celle d'un animal sauvage en perspective. La vie d'un lièvre se résume à une lutte pour la survie. Même au fond de son terrier, il n'est jamais tiré d'affaire. Il est pourtant capable de se reproduire, de nourrir sa famille, et le lièvre moyen semblerait même plus heureux que l'être humain moyen. Il peut compter sur l'adrénaline et les autres médiateurs chimiques et substances actives dont il dispose pour survivre. Nous aussi ! L'espèce humaine est le summum de la création et de l'évolution naturelle. Elle a dominé la planète pendant des dizaines de milliers d'années sans besoin de drogues ni de potion miracle.

Regardez où nous sommes maintenant arrivés. Un journal faisait récemment écho d'une enquête menée lors d'une « rave party » où 87 % des jeunes avaient admis avoir pris une forme de drogue (sans compter l'alcool et le tabac). Pour quelle raison nous estimons-nous incapables de profiter d'une soirée sans cigarette, ni alcool, ni autre produit stimulant ?

Observez des enfants à un anniversaire. Ils arrivent généralement inhibés ; cinq minutes plus tard, complètement excités, ils mettent l'endroit sens dessus dessous. Ils n'ont pas besoin de nicotine, d'alcool ou d'autre substance miraculeuse. Être avec leurs copains suffit à les rendre euphoriques !

Alors, qui leur enseigne qu'ils sont inachevés, qu'ils leur faut de la nicotine, de l'alcool ou une autre drogue pour apprécier les bons moments de la vie ou en supporter les mauvais ? Est-ce les revendeurs de cigarettes, d'alcool ou de drogue ? Non. Ceux-ci se contentent de répondre à une demande que nous contribuons tous à créer. C'est la société occidentale dans son ensemble qui crée ce vide dans l'esprit de nos enfants, et ce par divers biais. Regardons de plus près les voies par lesquelles la société inculque ce sentiment d'inachèvement et voyons ce que nous pouvons faire pour contrer cela. Nous sommes dès notre plus jeune âge soumis à l'un des éléments les plus convaincants :

LE LAVAGE DE CERVEAU.

9

Le lavage de cerveau

Quel que soit votre rapport actuel ou passé avec la cigarette, je ne doute pas que dès l'instant où vous avez senti votre enfant en âge de comprendre, vous vous êtes empressé de le mettre en garde sur les conséquences et les dangers du tabagisme et des drogues en général.

Si d'aventure vous êtes fumeur, cette mise en garde aura été en pure perte ; car si vous tenez réellement à préserver votre enfant du tabagisme, la première – et incontournable – étape consiste à arrêter vous-même. Peut-être, si vous êtes fumeur, je touche là un point sensible et vous pourriez bien être tenté de vous débarrasser de ce livre. Avant que vous n'en arriviez là, permettez-moi de vous assurer que la plus grande satisfaction que vous aurez à renoncer au tabac sera d'abord purement égoïste. Je vous garantis que votre vie sera bien plus appréciable.

En cessant de fumer, vous serez par la même occasion mieux armé pour aider vos enfants à déjouer le piège du tabagisme. Certes, l'avenir de vos enfants face au tabac n'est pas strictement conditionné à votre capacité d'arrêter vous-même ; mais, s'ils y échappent, ce serait alors malgré vous, pas grâce à vous. En effet, comment pourriez-vous éloigner votre enfant de l'ingénieux piège si vous n'en comprenez pas vous-même les mécanismes ?

Dès leur plus jeune âge, les enfants sont la proie d'un lavage de cerveau intensif, leur vantant, jour après jour, les mérites de la cigarette qui relaxe, aide à la concentration, soulage l'ennui et le stress. Tournons-nous par exemple du côté du septième art. Quand un personnage attend d'être exécuté, quelle est son ultime requête ? Une cigarette : c'est sa plus chère expérience, ce dont il désire plus que tout profiter une dernière fois avant de mourir. Inconsciemment, le message est bien enregistré : « Je suis face à une terrible épreuve. Il n'y a pas de meilleur soutien pour la traverser qu'une cigarette. » Pourrait-on rêver d'une meilleure publicité pour le tabac ?

Par quel cliché un cinéaste souligne-t-il l'état d'anxiété d'un homme attendant la naissance de son enfant ? Inévitablement, il fume cigarette sur cigarette. Et pour célébrer la naissance, il sortira ses meilleurs cigares. Le message est clair : le tabac, réconfort des moments difficiles, offre aussi un moyen privilégié de célébrer les heureux événements.

Dans chaque film, chaque pièce de théâtre, chaque feuilleton télévisé, la cigarette est manifestement présentée comme un réconfort social, parfois même sexuel, qui soulage les tensions et l'ennui, et favorise la relaxation ou la concentration, et nous sommes totalement dupes. MÊME LES NON-FUMEURS SONT DUPES ! Ils se contentent simplement de se dire que tant qu'ils n'y ont pas goûté, cela ne peut pas leur manquer.

Vous pourriez très bien rétorquer que les enfants subissent aussi un matraquage sur le caractère malsain, onéreux, asocial et repoussant du tabac. Certes, j'en conviens. Mais cela ne s'applique que si l'on est dépendant, et personne ne croit qu'il va devenir dépendant. Et, tandis que nous continuons à croire aux vertus bénéfiques du tabac, qui soulage du stress ou donne confiance en soi (nous vivrons tous, un jour, des moments de tension), quel mal pourrait-t-il y avoir à en essayer juste une ?

Curieusement, tout comme les tentatives visant à limiter le nombre de cigarettes les rendent finalement plus précieuses à nos yeux, celles que la société déploie pour faire peur ou stigmatiser les fumeurs, par le biais de mesures d'interdiction du tabac dans certains lieux publics, rendent l'arrêt du tabac encore plus difficile. Les arguments contre le tabac sont si nombreux, si convaincants et si logiques, ceux en faveur du tabac tellement peu nombreux, si faibles et discutables que le fumeur ne peut qu'en conclure : « Soit je retire du tabac un plaisir ou un réconfort immenses, soit il a sur moi un pouvoir énorme. Sinon, pourquoi fumerai-je ? Et pourquoi des millions d'autres personnes continueraient-elles à fumer ? »

Pourquoi, en effet ? C'est là que le piège est subtil. Pourquoi ces jeunes êtres intelligents n'en viendraient-ils pas à la même conclusion que tous les autres : « Si les fumeurs dépensent une fortune et prennent ces risques immodérés, c'est bien à cause de l'immense plaisir ou de l'immense soutien qu'ils en retirent » ? Chaque fois que votre enfant voit quelqu'un allumer un cigare ou une cigarette, il reçoit en fait le message subliminal : « Le tabac me procure du plaisir / il m'apporte un profond réconfort. »

On nous a fait croire depuis notre plus jeune âge que la cigarette aide les adolescents à se sentir plus adultes, qu'elle endurcit les jeunes hommes et donne aux jeunes filles un air sophistiqué. Doit-on s'en étonner, quand on se souvient que les champions de billard ou du jeu de fléchettes au Royaume-Uni étaient tous des fumeurs invétérés ? Même dans de véritables disciplines sportives, comme le base-ball ou le football, nombre de nos héros étaient fumeurs.

Heureusement, depuis quelques années, les fumeurs se font beaucoup plus rares parmi les joueurs et les sportifs de haut niveau. Ces nouveaux champions ont ainsi contribué à faire voler en éclats le mythe que la cigarette aide à se détendre et à apaiser sa nervosité. Mais je ne veux pas que vous vous contentiez d'acquiescer mes paroles. Oui, vous devez commencer par convaincre vos enfants ; mais je compte aussi sur votre aide pour sensibiliser le reste de la société aux réalités du tabagisme comme à celles des autres formes de toxicomanies.

La société croit en l'idée reçue que l'on peut aider les fumeurs à se passer du tabac et empêcher les jeunes de tomber dans le piège

EN LEUR DISANT POURQUOI
ILS NE DEVRAIENT PAS FUMER.

Comment la société ne comprend-elle pas que les fumeurs sont parfaitement conscients des risques et inconvénients liés au tabac, et que le seul moyen de les aider à arrêter est de

DISSIPER LES RAISONS ILLUSOIRES
QUI LES POUSSENT À FUMER.

La seule façon d'empêcher les adolescents de devenir accros n'est pas de leur rabâcher les arguments pour lesquels ils ne doivent pas allumer leur première cigarette mais de

SUPPRIMER LES RAISONS QUI LES POUSSENT À ALLUMER CETTE PREMIÈRE CIGARETTE.

Tous les fumeurs savent qu'ils se comportent comme des imbéciles et nos enfants sont tout aussi informés que nous-mêmes des inconvénients du tabac. La société perpétue cependant le mythe d'un « plus », d'un réel réconfort et d'un plaisir inhérents au tabac. Elle continue de nos jours à entretenir la confusion que les fumeurs fument de leur plein gré.

Jusqu'à ce que nous démolissions ces mythes un par un, nos enfants ne seront jamais complètement sauvés. Chaque fois que vous entendrez quelqu'un perpétuer l'une de ces idées fausses, que ce soit une personne exprimant son opinion en privé, des paroles proférées au cours d'une émission de radio, de télévision ou un article dans un journal, n'hésitez pas à exprimer votre désaccord ! Informez vos enfants de la réalité du tabagisme.

Il y a quelques années, il était considéré comme tout à fait convenable qu'un hôte propose « un dernier (verre) pour la route » à son invité sur le départ. En quelques années, les campagnes contre l'alcool au volant, avec des slogans tels que « boire ou conduire, il faut choisir », ont profondément contribué à inverser les mentalités, sauf auprès de quelques dinosaures récalcitrants.

Tous les fumeurs regrettent d'avoir un jour commencé. Ils souhaitent tous en secret pouvoir en finir avec la cigarette. Mais, désarmés par ce sentiment de stupidité, ils finissent par détourner leur propre attention et celle des autres en se trouvant des excuses pour continuer à fumer.

Il est ironique de constater que ce sont les autres fumeurs qui nous poussent à essayer cette première cigarette. Et si après nous être précipités bille en tête dans le piège, nous réussissons finalement à nous en sortir, ce sont encore les autres fumeurs qui nous font sentir que nous manquons quelque chose.

Si seulement tous les fumeurs pouvaient avoir l'honnêteté d'admettre que leur rêve le plus cher serait de se débarrasser de la cigarette, ce cauchemar finirait par disparaître, comme, en son temps, le tabac à priser, qui fut rayé de la carte en quelques années. J'ai besoin de votre aide pour persuader les fumeurs de faire ce geste envers la communauté.

Il est facile de mesurer l'ampleur de ce bourrage de crâne quotidien sur nos enfants. Je serais très surpris de rencontrer enfin un enfant qui partage l'idée selon laquelle les fumeurs ne tirent ni plaisir ni réconfort du tabac. Mais il est un autre mythe véhiculé par la société : l'existence d'un vide en chacun de nous, la certitude que nous sommes inachevés et que nous avons besoin du secours de certains produits chimiques. Ainsi,

NOUS NOUS SENTONS DIMINUÉS
ET VULNÉRABLES.

10

Nous nous sentons diminués et vulnérables

Nous traitons dans la société occidentale la grossesse et l'accouchement comme des maladies. La mère bénéficie d'une multitude de soins prénataux et postnataux. Le bébé est choyé et dorloté comme s'il s'agissait de la créature la plus fragile sur terre. Et pourtant, on constate que les bébés sont souvent les seuls survivants dans des cas de graves accidents de la route ou de crashs d'avion.

Ne vous méprenez pas sur mes intentions. Je ne soutiens pas que nous faisons une erreur en accordant les plus grands soins aux mères et aux nouveau-nés, mais nous devons reconnaître que cette attitude contribue à nous assener l'idée que nous sommes des êtres faibles et vulnérables.

Depuis la naissance, on nous rabâche que nous dépendons de médicaments. Dès le moindre froid, la moindre indigestion ou constipation, le moindre mal de tête, d'estomac ou autre, nous nous précipitons chez le médecin ou le pharmacien, à moins que nous n'ayons déjà tout le stock nécessaire à la maison. Nous avons des comprimés pour dormir, des calmants, des excitants…

J'ai souvent souffert de crises de constipation et d'indigestions. Je croyais sincèrement que toutes ces affections, et toute l'incroyable variété de médicaments qui prétendaient les guérir étaient tout à fait naturelles.

Pourquoi personne n'a-t-il cru bon de m'expliquer que le corps humain n'est pas programmé pour être malade (même s'il est doté de mécanismes de défense), que ces constipations ou ces indigestions sont la conséquence de nourritures mal appropriées ou malsaines, et que la solution n'est pas d'ingérer une panoplie de médicaments pour les guérir, mais de prévenir ces affections en mangeant correctement ?

Si l'on concentre l'épopée de l'espèce humaine sur notre planète en une journée, cette dépendance aux médicaments n'apparaît que pendant la dernière seconde. Comment nos ancêtres ont-ils fait pour survivre sans ? Comment est-il possible que les animaux sauvages puissent survivre sans ?

Quoi que vous puissiez penser à ce sujet, il reste indéniable que l'effet de ce bourrage de crâne est de nous persuader que nous sommes physiquement fragiles. Nous sommes incapables de nous brosser les dents sans l'aide d'une pâte dentifrice parfumée, incapables de nous laver le corps et les cheveux sans un savon et un shampoing de composition savamment étudiée. Beaucoup ressentent également le besoin de s'enduire le corps de poudres et de crèmes miracles.

On peut d'ores et déjà déplorer l'émergence d'une société d'hypocondriaques, où chacun se croit physiquement vulnérable. Mais la croyance que ces drogues nous sont indispensables se trouve sacralisée lorsque certains athlètes, parmi l'élite sportive de nos représentants, s'y ruinent la santé et ternissent l'image du sport en trichant.

L'illusion de la dépendance physique est suffisamment néfaste. Il y a cependant pire : l'illusion que nous sommes mentalement inachevés, la croyance que

NOUS AVONS BESOIN DE QUELQUE CHOSE POUR APAISER NOTRE NERVOSITÉ.

[illegible]

[illegible]

[illegible]

[illegible] de [illegible]

[illegible]

opa[illegible]

est l[illegible]

de [illegible]

[illegible]

[illegible]

[illegible]

[illegible]

[illegible]

[illegible]

[illegible]

Tout [illegible]

devoir [illegible]

[illegible]

d'expérience [illegible]

Quand [illegible]

dant [illegible]

[illegible]

si [illegible]

11

Nous avons besoin de quelque chose pour apaiser notre nervosité

L'espèce humaine dispose d'un avantage considérable sur les autres espèces. Nous disposons d'une intelligence, alors que les autres espèces agissent principalement d'instinct. L'instinct, comme l'intelligence, est l'aboutissement d'un long processus d'évolution et de sélection naturelle qui enseigne aux espèces comment s'adapter et survivre. Les espèces sont ainsi le fruit d'une adaptation permanente, par tâtonnement, qui dure depuis plus de trois milliards d'années. L'organisme humain, quintessence d'une aussi longue période de maturation, devrait ainsi pouvoir être considéré suffisamment abouti, au moins dans les conditions actuelles.

Tout débutant a un jour connu l'humiliation de devoir remballer une idée, qu'il estimait parfaitement sensée, face à l'opposition de ses aînés, forts d'années d'expérience sur le sujet : « Je fais ça depuis vingt ans. Quand tu en auras fait autant, je t'écouterai ; en attendant, tu m'écoutes. » À moins de n'avoir de solides arguments, il serait plutôt mal inspiré de contester une si longue expérience. Imaginez maintenant combien il serait stupide d'aller à l'encontre de trois milliards d'années d'expérience.

Bien souvent, en laissant votre *intelligence* contredire votre instinct, vous agissez de manière stupide et, paradoxalement, vous ne faites pas preuve d'intelligence. Quand la race humaine utilise son intelligence à l'encontre des lois de la nature, cette intelligence n'est plus un avantage. On pourrait citer des milliers d'exemples de la *bêtise* humaine.

Comment distinguons-nous la nourriture du poison ? Nous héritons tout simplement de l'enseignement de nos aînés et consignons les produits dangereux dans un endroit inaccessible aux enfants, jusqu'à ce qu'ils soient en âge d'apprendre. Mais avez-vous réfléchi aux armes dont disposent les animaux pour distinguer la nourriture du poison ?

La Nature ou, selon vos convictions, une intelligence supérieure, a déployé d'immenses efforts pour peupler la terre de cette incroyable variété d'espèces animales. À sa place, comment vous y seriez-vous pris pour qu'ils ne s'empoisonnent pas dès leurs premiers jours ? Il existe une solution à la fois simple et ingénieuse à ce problème : chaque créature disposera des sens de l'odorat et du goût, auxquels les poisons apparaîtront repoussants et la nourriture appétissante.

Vous aurez compris qu'il ne s'agit pas là d'une suggestion de ma part, mais exactement de l'œuvre de la nature. La première cigarette nous fournit le plus bel exemple de contradiction entre ce que nous commandent notre intelligence d'une part et notre instinct d'autre part. Tous les animaux, y compris les êtres humains, ont une réaction de dégoût face à la fumée de tabac, jusqu'à ce qu'ils en deviennent dépendants. Pour vous en persuader, essayez donc de souffler de la fumée de cigarette à la gueule de votre animal domestique. L'homme *intelligent* trouve cette fumée aussi déplaisante que n'importe quel animal. C'est un message clair que son corps lui adresse pour l'avertir qu'il s'agit d'un poison et qu'il faut donc s'en écarter. Si seulement on se contentait de se fier à son intuition !

On considère souvent la peur, la douleur, la nervosité comme des maux. Ce sont au contraire des sensations essentielles à notre survie. Sans la peur pour nous avertir des dangers, nous prendrions des risques inconsidérés et ne survivrions pas longtemps. La douleur est la manifestation d'une attaque ou d'un dysfonctionnement de notre corps ; elle vise à nous faire réagir, afin de prendre les mesures nécessaires pour en combattre la cause ou soigner le mal. Certaines personnes, pratiquement insensibles à la douleur, peuvent supporter de graves lésions sans souffrir. Si vous et moi marchons pieds nus sur un clou, la douleur nous fait immédiatement retirer le pied. Sans ce signal d'alarme, nous laisserions le clou s'enfoncer profondément, et ne le remarquerions qu'au moment de retirer le pied. Si nous nous appuyons contre un four brûlant, la seule sensation de chaleur nous fait bondir immédiatement. Sans douleur, nous resterions collés à la paroi du four jusqu'à sentir l'odeur de chair brûlée.

Je citerai également un autre exemple révélateur, celui des pastilles contre les maux de gorge. J'en ai une expérience personnelle, lors des premières sessions que j'animais dans l'un de mes centres pour fumeurs. Je passais alors près de dix heures par jour, sept jours sur sept, à parler dans des salles emplies de fumée. Inévitablement, je souffrais d'affreux maux de gorge réguliers, contre lesquels mon épouse Joyce avait découvert, grâce à une publicité, de miraculeux comprimés. En quelques secondes, la douleur s'estompait et je pouvais continuer à discourir des heures durant.

Je commençais cependant à réaliser que le mal de gorge n'était pas en soi le vrai problème. Le vrai problème était que je parlais trop. La douleur n'était qu'un signal d'alarme, me forçant au silence pour reposer mes cordes vocales. Dopé par ces pastilles miraculeuses, qui ne soignaient pas l'irritation, mais se contentaient d'anesthésier la douleur, je pouvais continuer à parler. C'était foncièrement regrettable, car en camouflant les symptômes par un analgésique, j'ai défendu toute réaction de mon système immunitaire, qui est pourtant l'acteur essentiel de la guérison.

On peut comprendre, sans nécessairement être expert en mécanique automobile, qu'il ne suffit pas d'enlever le témoin de température qui clignote sur le tableau de bord, pour résoudre un problème de surchauffe du moteur. C'est pourtant le traitement que j'infligeais à mon corps lorsque je me contentais de ces pastilles pour soigner mes irritations.

Peut-être avez-vous l'impression que je m'insurge contre l'usage de médicaments prescrits par la profession médicale ? Ce n'est pas là mon intention. Dans le domaine du sevrage tabagique, je suis effectivement opposé aux substituts nicotiniques tels les patchs, chewing-gums, etc., qui ont encore la faveur de nombreux médecins : je sais en effet que ces démarches ne font qu'accentuer la difficulté de l'arrêt, même s'il faut reconnaître que de nombreux fumeurs ont effectivement réussi avec de telles astuces. Ils ont en fait réussi *malgré* les chewing-gums ou les patchs et leur en attribuent – à tort – tout le mérite.

Dans un contexte plus large, je vous suggère de ne pas vous contenter de suivre aveuglément un traitement, quel qu'il soit, simplement parce qu'il vous a été prescrit, mais de vous renseigner sur son mode d'action, son indication et ses propriétés, de jouer de votre esprit critique et de votre bon sens, et de ne pas négliger vos intuitions. Souvenez-vous précisément que les analgésiques calment la douleur mais ne soignent pas et efforcez-vous en toute circonstance de déterminer la cause réelle de l'affection et de la supprimer si possible.

Peut-être me reprocherez-vous également de confondre deux problèmes complètement distincts. Vous souhaitez appréhender le moyen d'éviter à vos enfants la dépendance de drogues telles que la nicotine, la marijuana, l'ecstasy, la cocaïne, l'héroïne, etc., alors que je fais ici allusion à de vrais médicaments prescrits par de vrais médecins.

Si seulement la distinction pouvait être si simple ! La plupart des drogues qui dévastent la jeunesse aujourd'hui furent à l'origine utilisées à des fins médicales. Souvenez-vous également que ce livre vise à dissiper le mythe d'un vide, l'idée que la machine humaine est inachevée et que nous avons besoin de stimulants extérieurs pour redevenir *complets*.

Je soutiendrai toujours que le pire aspect du lavage de cerveau est de nous persuader que nous avons un besoin impératif de quelque chose pour apaiser notre nervosité. Je ne peux oublier cette anecdote, à laquelle je fus mêlé dans un de mes centres qui venait d'accueillir ses premiers patients. J'étais bien en peine avec une dame, fermement convaincue que la cigarette l'aidait à faire face à la grande nervosité dont elle souffrait. Cela se passait une journée d'été, par une chaleur accablante. La porte de la salle, que nous avions laissée ouverte pour rafraîchir l'atmosphère, claque soudainement. La dame sursaute sur sa chaise. Elle nous lance alors : « Vous voyez comme je suis nerveuse. »

Dehors, des moineaux picorent sur la pelouse. Je donne une petite tape soudaine sur la porte-fenêtre et tous, sans exception, prennent précipitamment leur envol.

Je demande : « Pensez-vous que ces moineaux soient particulièrement nerveux ?

– Ils le sont, me répond-elle. Sinon, pourquoi se seraient-ils envolés si vite ?

– Parce que pour eux ce bruit aurait pu signaler l'arrivée d'un chat.

– Mais cela n'était pas le cas ; il n'y avait aucun danger, aucune raison de paniquer.

– Bien au contraire ; le moineau qui attend calmement le chat en sera le prochain repas. Leur nervosité n'est pas une mauvaise chose ; ils doivent pouvoir compter dessus car c'est leur assurance-vie. Et c'était pareil lorsque la porte a claqué. J'ai sursauté comme vous. C'était une réaction parfaitement naturelle, face à une menace soudaine non identifiée. La seule différence entre nous deux est que cela m'a surpris mais ne m'a pas inquiété, car dès que j'ai compris qu'il n'y avait rien de grave, j'ai poursuivi la discussion. Mais vous paraissez encore agitée. Cela n'est pas la faute de la porte ; c'est plutôt un effet de la nicotine. »

La profession médicale reconnaît maintenant que des produits comme le Valium et le Librium créent plus de problèmes qu'ils n'en résolvent. Ces substances ont un effet similaire à l'alcool – elles détournent l'attention des patients de leurs soucis, mais n'y apportent pas de réponse. Quand l'effet du traitement finit par s'estomper, il faut prendre une nouvelle dose. Parce que ces produits sont nocifs – nous pouvons les qualifier de *drogues*, avec leurs effets secondaires physiques et psychiques – notre organisme s'y accoutume progressivement. La personne dépendante doit faire face à la tension originelle – c'est-à-dire dont elle souffrait avant de prendre la drogue – et à la tension supplémentaire, physique et psychique, engendrée par la dépendance à cette substance supposée l'aider à combattre le stress.

En fin de compte, l'accoutumance au produit devient si forte que celui-ci ne parvient même plus à donner l'illusion qu'il soulage du stress. Bien souvent, le remède consiste à administrer au patient des doses plus fortes et plus fréquentes ou même à passer à une substance encore plus puissante – et plus dangereuse. C'est un processus d'escalade sans fin.

De nombreux médecins tentent de justifier l'emploi de tels produits en arguant qu'ils évitent ainsi aux patients une grave dépression nerveuse. Ici encore, ils s'acharnent contre les symptômes. La dépression n'est pas le vrai problème : au contraire, elle cristallise, comme un signal d'alarme, une réaction à des problèmes existants. À sa manière, la nature nous dit : « Je ne peux plus supporter tous ces soucis, cette tension, ces responsabilités… J'ai besoin de repos, j'ai besoin de vacances ! »

Le problème est que les personnalités dominantes, dotées d'une forte volonté, tendent à endosser trop de responsabilités. Tout se passe bien tant qu'elles restent maîtresses de la situation ; en fait c'est la multiplication des responsabilités qui stimule leur ego. Elles traversent cependant au cours de leur existence, comme tout le monde, des périodes où les problèmes s'accumulent. Regardez les hommes politiques en campagne pour les présidentielles. Ils sont forts, rationnels, décidés et convaincus. Ils promettent des solutions simples à tous nos soucis. Mais une fois au pouvoir, on n'a plus l'impression d'avoir affaire aux mêmes personnes : maintenant face à leurs responsabilités, ils apparaissent hésitants et négatifs.

Faibles ou forts, nous sommes tous un jour ou l'autre confrontés à de mauvaises passes. La tendance naturelle quand on est au creux de la vague est de chercher réconfort et consolation auprès de nos remontants traditionnels : l'ALCOOL et le TABAC. J'ai parlé de tendance naturelle. C'est une erreur, car il n'y a là absolument rien de naturel ! Mais on nous a tellement bourré le crâne, depuis la naissance, que nous sommes persuadés du contraire. Regardez pourtant les tristes exemples de toutes les idoles déchues : la toxicomanie n'a manifestement jamais résolu leurs problèmes. Pire, la drogue et l'alcool ont significativement contribué à les précipiter à leur perte. C'était aussi mon cas ; moi non plus, je ne m'apercevais de rien.

La meilleure réponse, face à un stress que vous ne savez gérer, est d'en supprimer la cause. Il est illusoire d'essayer de se convaincre que le stress n'existe pas. Que celui-ci soit réel ou imaginé, les drogues ne feront qu'aggraver cette réalité ou cette illusion.

Par ce lavage de cerveau dont je viens de présenter quelques aspects, la société inculque aux adolescents – entre autres – l'idée que physiquement et psychologiquement ils ont besoin d'un soutien extérieur et la conviction qu'ils peuvent trouver ce réconfort auprès de certaines substances ou drogues. Il est un autre mythe erroné par lequel nous détruisons la confiance en soi de nos enfants :

L'ENFANCE EST LA PLUS BELLE
PÉRIODE DE LA VIE.

12

L'enfance est la plus belle période de la vie

Il s'agit d'une idée complètement fausse, et il vous suffit pour vous en assurer de parcourir l'ouvrage ou de voir le film, « Vice versa », auxquels je faisais précédemment référence.

Il est notoire que, dans des conditions normales, l'existence de chacun devient au fil du temps de moins en moins stressante.

Nous aimerions tous gagner à la loterie. Au vu de l'infime probabilité de décrocher le gros lot, je me suis depuis longtemps résolu à ne jamais jouer. Pourtant, nous avons tous commencé en gagnant à une loterie avec des chances extrêmement faibles. Je veux parler de la probabilité qu'un spermatozoïde parmi les autres féconde finalement l'ovule. Nous avons oublié le stress occasionné par cette course, mais il fut certainement des plus trépidants.

Nous n'avons pas le moindre souvenir non plus de ce qui restera sans doute pour beaucoup l'événement le plus traumatisant de notre existence : la naissance. Sans grand effort, on peut cependant imaginer : neuf mois dans la chaleur et la sécurité de la matrice maternelle, insouciant, nourri sans effort, bercé au rythme des battements de cœur. Soudain, tout se précipite.

Ce liquide rassurant, dans lequel on flottait confortablement, disparaît et l'on est aspiré – dans le meilleur des cas – au travers d'un long tunnel étroit. Vous souffrez de claustrophobie ? Imaginez donc l'épreuve. Lorsque, finalement, on parvient à sortir, exténué, quelquefois extirpé à l'aide de forceps ou de ventouses, débarquant dans cette pièce éclairée de puissants néons (imaginez ne serait-ce que le traumatisme de passer subitement du noir absolu, seule référence des mois durant, à cette lumière crue), c'est pour recevoir comme récompense une claque sur les fesses. Et s'il nous reste encore un semblant de force et de souffle, on a le droit de pleurer.

Les mois et années qui suivent, nous subissons un intense apprentissage : on apprend à manger, à utiliser ses mains, à ramper, puis à marcher et parler, à être propre, à lire et à écrire ; on capitalise une incroyable variété de connaissances, de savoir-faire, dont la plupart nous semblent complètement inutiles. L'enfance et l'adolescence sont des périodes extrêmement mouvementées. Seule l'expérience de donner la vie est certainement plus difficile. Mais tout comme le lièvre au chapitre 8, nous sommes équipés pour faire face à ce stress. En fait, dès les premiers instants de l'enfance, notre démarche est essentiellement instinctive.

Arrive ensuite ce qui est consciemment perçu comme la période la plus stressante de notre existence : lorsque nous quittons le giron de l'école et devons tracer seul notre propre chemin dans le monde adulte. L'adolescence et l'enfance furent difficiles, il est vrai, mais nous avions alors le soutien de nos parents, de nos professeurs. L'adolescence a toujours été stressante : cette transformation corporelle et psychique est parfois très lourde à assumer (l'acné, la timidité, le manque de confiance en soi, la peur de ne pas plaire, la recherche d'une identité…).

N'oublions pas dans ce catalogue les tensions supplémentaires qu'ont à endurer nos enfants, et dont ceux de ma génération n'avaient pas idée : les jeunes vivent désormais dans la peur de la surpopulation, du terrorisme, de la pollution généralisée et du réchauffement de la planète, de la destruction des forêts, de la disparition de la couche d'ozone, de l'extinction des ressources naturelles, de l'omniprésence croissante du béton dans notre environnement… À la différence de tous les autres animaux, nous ne pouvons plus profiter du soleil sans craindre de graves affections de la peau. Nous avions le plein emploi et espérions à juste titre, en étudiant et travaillant dur, une situation confortable. Aujourd'hui, même bardés de diplômes, les jeunes doivent souvent accepter un emploi peu qualifié, mal rémunéré, quand ils parviennent à en trouver un.

Du temps de mon enfance, les progrès de la médecine permettaient enfin de trouver des parades à de terribles maladies comme la poliomyélite, la tuberculose, la malaria. De nos jours, de nouvelles maladies font leur apparition, comme le sida, pour lesquelles nous n'avons pas encore de remèdes et d'autres, comme la tuberculose, que nous croyions définitivement éradiquées, font tristement réapparition.

Nous avions des modèles, des valeurs pour nous guider. D'accord, je conçois que certaines étaient peut-être trop rigides ou dépassées, mais au moins nous savions ce que la société attendait de nous et nous pouvions y réagir. Aujourd'hui des institutions comme le mariage ou la religion tombent en désuétude. Harcelés par une culture sexuelle agressive, les adolescents expérimentent leur sexualité sans avoir eu le temps de se préparer à l'assumer mentalement. La culture de la violence, la violence purement gratuite, est tout aussi banalisée parmi la jeunesse.

Attendons-nous vraiment d'eux qu'ils deviennent, en un clin d'œil, des adultes mûrs, physiquement et mentalement robustes ? Ce qui me surprend le plus est que beaucoup se révèlent finalement des adultes plaisants et responsables et que si peu finissent par craquer au point de mettre fin à leurs jours – bien que la proportion reste plus élevée que dans le reste de la population. L'adolescence reste incontestablement une période de la vie extrêmement stressante et émotionnellement difficile. Mais nous leur avons légué une plaie supplémentaire : une gigantesque panoplie de cachets et de drogues qui sont supposées les aider à affronter tous les (autres) problèmes dont ils ont pu hériter. Pour moi, le vrai mystère n'est pas que tant d'adolescents se précipitent vers les toxicomanies, mais plutôt

QU'ILS SOIENT SI NOMBREUX
À DÉJOUER LE PIÈGE.

13

Comment sont-ils si nombreux à déjouer le piège ?

Vous me verrez rarement pris au dépourvu, sans réponse concrète, face à une question relative à la dépendance aux drogues. Néanmoins, il est bien plus aisé d'expliquer pourquoi on tombe dans un piège que pourquoi on l'évite. Comme l'objet de ce livre est de prévenir votre enfant du tabagisme, prenons néanmoins la peine d'énumérer les raisons possibles qui pourraient le tenir à l'écart de la cigarette et voyons si nous ne pouvons pas en tirer parti.

1. L'aversion naturelle et instinctive de l'enfant à l'égard des drogues et sa peur de devenir accro. *Votre enfant dispose déjà des deux.*

2. Les campagnes antidrogue et antitabac, renforcées par vos propres efforts. *Ici encore, votre enfant bénéficie déjà de ces effets positifs.*

3. L'expérience personnelle d'un toxicomane / d'un fumeur et la souffrance inhérente à la dépendance. *Ceci pourrait avoir à court terme un effet positif. Mais cela n'est pas sans rappeler les photos d'accidentés de la route que l'on montre aux conducteurs : elles ne les empêchent pas de continuer à conduire (imprudemment).*

4. Ne pas fréquenter des jeunes toxicomanes / fumeurs. *Il est indéniable que certains adolescents ont échappé à la drogue parce qu'ils ont eu la chance de ne pas fréquenter des toxicomanes ou des fumeurs. Mais ce n'est qu'une question de chance. Essayer d'empêcher votre enfant de côtoyer des fumeurs ou des toxicomanes revient à tenter d'éradiquer les mauvaises herbes de votre jardin en essayant d'en ôter une à une les graines qui auraient été apportées par le vent. S'il vous semble déjà ardu de veiller à ce que votre enfant ne consomme pas de drogues, imaginez donc combien il serait difficile de surveiller l'ensemble de ses fréquentations. Ayez bien présent à l'esprit que les drogues ne connaissent aucune frontière d'âge, de classe sociale, de niveau d'éducation, de race ni de religion. Et sachez bien que si vous interdisez à votre enfant de voir l'un de ses camarades, il remuera ciel et terre pour passer outre cette interdiction.*

5. Ne pas pouvoir se payer la drogue. *Il est certain que le manque d'argent constitue pour la plupart des adolescents un frein à la toxicomanie, au tabagisme ou à l'usage d'alcool. Mais cela n'apporte pas la garantie absolue que votre enfant y échappera. Les premières cigarettes – ou doses de drogue – sont en général gratuites ; les bons copains, soupçonnant d'être eux-même dépendants, ne rechignent pas nécessairement à entraîner quelqu'un avec eux. Une fois accro, qu'il s'agisse de nicotine ou d'héroïne, le toxicomane peut, pour satisfaire son besoin, être amené faute d'autre solution à des actes dont il se saurait cru incapable : mendier, voler ou même se prostituer. Dans tous les cas, couper les vivres à votre enfant n'est pas une solution viable.*

Ces raisons qui ont probablement contribué à éviter la dépendance à tant d'adolescents ne suffisent pas à garantir que votre chérubin sera épargné. Si l'on peut en conclure que la *chance* est ici le facteur le plus déterminant, les campagnes antidrogue et l'instinct de méfiance ont néanmoins joué leur rôle, ce qui est une bonne nouvelle. Ceux-là ont vraisemblablement bénéficié d'un coup de pouce du sort, ou ont-ils eu le bon sens de se tenir à l'écart de fumeurs ou d'usagers de drogues.

Si vous aviez le don de communiquer avec une mouche pour lui exposer le piège ingénieux que la plante carnivore recèle, pensez-vous qu'elle s'y laisserait prendre ? Sans doute ignorerait-elle l'avertissement, si, étant affamée, ce nectar était son seul salut. Mais si vous prenez d'abord la peine de lui apporter la nourriture dont elle a besoin, irait-elle se jeter dans la gueule du loup ? Certainement pas ! Chez toutes les créatures, l'instinct le plus puissant est L'INSTINCT DE SURVIE.

Maintenant, vous et moi allons porter à la connaissance de vos enfants des informations dont aucun autre – même ceux qui ont réussi à échapper au piège de la nicotine et des autres drogues – n'a pu profiter jusqu'à présent. Ces informations s'avèrent être les deux pièces majeures du dossier. Le premier élément, que nous avons déjà traité en détail, consiste à expliquer les vrais mécanismes de la dépendance. Les victimes sont attirées dans un piège d'une incroyable subtilité, trompées par l'illusion que la drogue procure un réel bienfait.

Ce seul élément serait sans doute insuffisant à écarter tout risque pour vos enfants, qui, comme la mouche affamée de pollen, pourraient être tentés de juste goûter ne serait-ce que pour s'humecter les papilles et tomberaient alors dans le panneau. Dans le chapitre précédent, j'ai dépeint un tableau plutôt morose du monde que nous offrons à nos enfants. Mon dessein n'était ni de vous saper le moral, ni de vous culpabiliser. Nous avons, comme nos parents avant nous, récupéré un monde imparfait, nous avons fait de notre mieux pour l'améliorer et il sera toujours très facile pour les gens comme moi de montrer du doigt, rétrospectivement, l'ampleur de notre gâchis. J'espère en toute sincérité que nos enfants tireront profit de nos erreurs.

Laissons donc de côté les responsabilités de chacun, ne cherchons pas de moralité et ne nous autoflagellons pas, ce n'est pas l'objet de ce livre. Contentons-nous de reconnaître que la jeunesse actuelle subit une terrible pression. Les jeunes se sentent fragiles et vulnérables, ils cherchent désespérément le réconfort et le soutien d'un comprimé ou d'une potion miracle. Il est inutile de leur expliquer mièvrement : « Oui, je comprends bien mais les drogues ne font pas cela, elles en donnent juste l'illusion ! »

À quoi bon leur voler leurs illusions et les laisser sans rien ? Nous devons leur fournir le fameux nectar ou, plus précisément, leur faire ici comprendre qu'il est déjà entre leurs mains. D'accord, nos enfants sont confrontés à des problèmes de taille, mais ils ont de quoi y faire face. Je faisais allusion précédemment au lièvre dont l'existence se résume à un combat vital, j'insistais sur l'aide que lui apportent l'adrénaline et d'autres substances chimiques indispensables à sa survie. Nous disposons du même arsenal ! L'espèce humaine est le summum de la création et de l'évolution naturelle. Elle a dominé la planète pendant des dizaines de milliers d'années sans le secours de drogues ni de potion miracle. Nous devons aider nos enfants à comprendre qu'ils sont physiquement et mentalement extrêmement robustes, et que, malgré leurs soucis, il n'y a aucun vide à combler. Ils disposent des qualités nécessaires pour faire face aux aléas et résoudre leurs problèmes sans recourir aux drogues ou au tabac.

Nous devons pour cela les aider à mesurer la robustesse et les capacités du

CORPS HUMAIN, CETTE FABULEUSE MACHINE.

14

Le corps humain, cette fabuleuse machine

Si l'on vous demandait de lever la main gauche, vous marqueriez vraisemblablement un instant d'hésitation, le temps de l'identifier, mais je suppose que vous n'iriez pas jusqu'à qualifier cet exercice de prouesse. En fait, confiés à de bons dresseurs, certains chiens peuvent lever leur patte gauche sur ordre. Imaginez maintenant que votre mission est de faire simultanément lever la main gauche à l'ensemble des habitants de la planète. Malgré les moyens de communication actuels, vos chances de succès total seraient infimes. Pourtant, c'est virtuellement ce qui se passe dans votre corps lorsque vous effectuez les plus simples tâches, comme vous gratter inconsciemment le nez.

Le corps humain est composé de milliards de cellules, autant d'entités autonomes œuvrant en parfaite symbiose à chaque instant de l'existence. À n'en pas douter, vous êtes capable de peler une pomme, lire le journal, jouer aux cartes ou répondre au téléphone. Aucune de ces activités n'est réellement compliquée, mais sauriez-vous les faire toutes en même temps avec autant d'efficacité ?

Nous sommes tous conscients de l'incroyable habileté dont fait preuve l'être humain dans des disciplines aussi variées que le sport, la musique, la peinture, etc. En permanence, ces milliards de cellules qui composent notre corps n'entreprennent pas une, mais des dizaines de tâches simultanées, extrêmement complexes.

Que vous soyez éveillé ou endormi, sans relâche, votre cœur achemine, grâce au système sanguin, l'oxygène capté par les poumons vers chaque organe de votre corps. Votre thermostat interne maintient une température constante, votre système digestif poursuit son action, assimilant les calories et les éléments nutritifs requis et préparant l'élimination des déchets, sans que vous n'y prêtiez attention (pour l'élimination elle-même, il est vrai qu'il est préférable d'être conscient). Votre système immunitaire est constamment sur le qui-vive, paré à lutter contre les agressions et les infections.

Parce que ces fonctions sont automatiques et ne requièrent aucun effort conscient de notre part, nous tendons à les considérer comme allant de soi : nous apprécions rarement notre organisme à sa juste valeur. Bien qu'il ne soit pas nécessaire de connaître les détails de son fonctionnement, il est primordial de prendre conscience de la fabuleuse puissance et sophistication du corps humain.

L'humanité ne s'est cependant pas créée toute seule. Pas plus que l'homme n'a réussi à créer le moindre être vivant sur cette planète. Il faut donc bien admettre qu'une intelligence ou une force supérieure – qu'on l'appelle Dieu, la Nature ou le Hasard, peu importe – est à l'origine de cette genèse (il m'est personnellement très difficile d'accepter l'image d'un vieillard à la longue barbe, qui observerait et jugerait en permanence chacun de nous).

Quel que soit le nom que l'on lui donne – on a bien le droit de la nommer – il faut bien admettre qu'il s'agit là d'une intelligence supérieure, infiniment au-dessus de la nôtre. À l'image de l'ordinateur mono-processeur qui penserait avoir été conçu par un autre ordinateur mono-processeur, nous proposons des explications qui semblent tombées du ciel mais ont le mérite de la simplicité.

Enfin, beaucoup nient l'existence de Dieu, au prétexte que nous sommes le produit de l'évolution et de la sélection naturelle depuis l'émergence de la vie à partir d'une soupe prébiotique. Je ne vois aucun inconvénient à conjuguer le concept de l'évolution et l'existence d'une force créatrice, loin de moi l'idée de nier que l'évolution est un fait scientifiquement établi. Prenons l'exemple de la genèse de l'automobile : on peut très bien considérer les voitures actuelles issues d'un processus similaire à l'évolution et à la sélection naturelle, sans pour autant nier qu'elles sont le résultat d'une intelligence, celle d'inventeurs et d'ingénieurs.

Que vous croyiez que le corps humain est l'œuvre de Dieu, de trois milliards d'années d'évolution ou d'une combinaison des deux, il reste infiniment plus sophistiqué que le plus perfectionné des ordinateurs et autres dispositifs créés par l'homme. L'humanité a fait de considérables progrès dans le domaine technologique. Nous connaissons maintenant la fission atomique, mais nous n'avons pas l'ombre d'une idée sur la manière de créer *ab nihilo* l'atome le plus rudimentaire.

Notre organisme dispose d'un arsenal de substances chimiques contrôlées par le système nerveux. Des hormones comme l'adrénaline sont automatiquement sécrétées en cas de nécessité. Ainsi, un corps sain est en lui-même complètement achevé. Il est délirant de prétendre qu'il pourrait manquer un élément vital à une machine aussi sophistiquée, infiniment plus complexe que n'importe quelle réalisation de l'homme. J'ai la ferme certitude que nous sommes capables d'affronter l'existence sans le secours de drogues ou d'autres substances psychoactives. Et quand bien même un élément majeur aurait été omis, la croyance que les hommes sont capables de le remplacer par de la drogue ou des cigarettes témoigne d'une arrogante stupidité. Si votre téléviseur tombe en panne, pensez-vous qu'un chimpanzé serait en mesure de le réparer ? C'est ce qui arrive quand l'homme joue avec l'équilibre chimique de notre organisme.

Nous jouons les apprentis sorciers chaque fois que nous interférons avec le fonctionnement naturel de notre organisme sans avoir pris la précaution d'étudier et de comprendre les effets à long terme du traitement. Il n'est pas dans mon objectif bien entendu de nier les avancées réelles de la recherche médicale, les vaccins, le traitement de maladies, qui font l'objet de longues années de recherche et d'essais thérapeutiques. J'adresse ma critique précisément à l'utilisation des substances psychoactives, c'est-à-dire les drogues au sens large, découvertes ou non par la médecine.

Entre les mains du chimpanzé, votre téléviseur sera bon pour la casse en quelques minutes. Alors pourquoi l'homme n'est-il pas pareillement anéanti par l'utilisation de drogues ? Cette résistance à leur égard n'est pas le signe de la supériorité de notre intelligence, mais plutôt celui de la sophistication et de la robustesse du corps humain, capable de résister des années aux immenses efforts déployés pour l'intoxiquer, et en regard duquel un appareil de télévision semble d'une extrême fragilité. Regardez-moi : je me suis fourvoyé, pendant plus de trente-cinq ans, à dépenser une petite fortune pour m'empoisonner méthodiquement et mon corps s'en est pourtant remis.

Mais revenons au tabac : le goût désagréable des

premières cigarettes fait office d'avertissement pour notre organisme : « POISON, NE PAS TOUCHER ! » Des créatures moins intelligentes et moins évoluées que nous tiendraient compte de cette mise en garde, mais l'espèce humaine l'ignore, aveuglée par cette confusion qu'elle a elle-même semée. Votre corps vous laisse-t-il pour autant à votre destin ? Non ! D'autres alarmes se déclenchent : vous toussez, vous êtes sujet à des nausées, voire à des vomissements. Et si vous persistez à vouloir fumer, passant outre tous ces avertissements, votre corps se protège en développant progressivement une tolérance aux poisons ingérés. Raspoutine était capable de supporter des doses d'arsenic qui auraient envoyé au cimetière vingt hommes normalement constitués, parce qu'il s'y était progressivement accoutumé. Les rats et souris, après trois générations à peine, sont capables de résister à la warfarine.

L'organisme est si sophistiqué que, voyant que vous n'avez aucune alternative à la prise de ce poison, il prend ses dispositions pour vous dispenser du désagrément de l'odeur et du goût. Est-il concevable qu'une femme, qui s'est donné la peine de se bichonner, se poudrer, se parfumer et s'habiller à la perfection, se pulvérise un extrait de crottin de cheval en guise de touche finale ? L'odeur de tabac froid que colportent les fumeurs incommode les non-fumeurs. Heureusement, ceux-ci sont souvent trop courtois pour le relever.

Si jamais cet empoisonnement systématique prend fin, en l'espace de quelques jours seulement cette fabuleuse machine réagit en commençant à purger l'organisme convalescent des toxines et poisons accumulés, redonnant à l'ex-fumeur sa vigueur perdue. SOUS RÉSERVE QU'IL NE SOIT PAS TROP TARD ! Malgré les preuves accablantes, on trouve encore des fumeurs récalcitrants, qui refusent d'admettre que le tabac affecte leur santé. Je suis, pour ma part, en admiration devant la capacité de rétablissement de mon corps, qui a survécu au sévère châtiment que je lui ai si longtcmps infligé.

La médecine a indiscutablement permis d'améliorer la qualité et de prolonger l'espérance de vie, en particulier en venant s'ingérer dans le fonctionnement naturel de notre organisme. Le traitement du diabète par l'insuline en est une éminente illustration. Je ne peux qu'abonder dans ce sens. Notons cependant que ces traitements pallient une déficience de l'organisme, qui d'ailleurs peut quelquefois découler de l'utilisation de drogues. En effet, de nombreux médecins établissent une relation entre le diabète et le tabagisme. Sur un plan plus général, nous ne pouvons espérer que notre organisme fonctionne correctement tout en lui administrant régulièrement des cochonneries en guise de nourriture ou en l'exposant de force à des poisons tels que la nicotine, l'alcool et autres drogues.

Lorsque l'organisme présente une fonction naturelle déficiente, la première mesure qui s'impose est, idéalement, de supprimer si possible la cause de cette déficience. Si cela n'est pas envisageable en pratique, la seule solution sensée consiste indubitablement à s'en remettre au traitement que vous délivrera votre médecin. En revanche, il me semble aberrant de prendre de son propre chef des médicaments sans avis médical, qui plus est si votre organisme ne montre aucun signe de dysfonctionnement.

On a trop souvent tendance à considérer les valeurs fondamentales de notre existence – l'air que l'on respire, la liberté, la nourriture, la santé, l'amour, l'amitié, un emploi, la sécurité – comme allant de soi, allant même jusqu'à nous plaindre de leur imperfection. Ce n'est que s'ils viennent à faire défaut que nous les apprécions à leur juste valeur. J'étais un adolescent d'une santé et d'un tonus incroyables. Avant mes cinquante ans, j'étais devenu fragile, tant physiquement que mentalement. Je ne pouvais ignorer que ma forte consommation de tabac ne faisait qu'aggraver mon état. J'avais cependant l'intime conviction que l'effet du tabac restait annexe et que ma mauvaise condition reflétait essentiellement mon âge. La société m'avait aussi fait assimiler la vieillesse à une sorte de maladie.

Je souhaite revenir sur l'affirmation figurant en introduction du chapitre 12 : il est notoire que, dans des conditions normales, l'existence de chacun devient au fil du temps de moins en moins stressante. La société s'acharne pourtant à nous persuader du contraire : si je devais en juger à la lumière de ma propre expérience, je serais bien forcé de souscrire intégralement à ce point de vue. Avec le recul, j'ai compris que cette évolution se justifiait par mon addiction prématurée à la cigarette. En effet, fumeur invétéré bien avant de pouvoir me considérer adulte, je n'ai de ce fait jamais atteint la sérénité dont jouissent habituellement les adultes. Mon tabagisme forcené n'a cessé d'aggraver la situation, me confortant inéluctablement, année après année, dans ce sentiment d'insécurité typique des dépendances.

C'est ainsi que je suis parvenu à ma maturité seulement peu après avoir renoncé au tabac. Quelle est ma définition de la maturité ? Se sentir fort physiquement et mentalement, être paré pour affronter l'adversité, croquer la vie à pleines dents et se réjouir de tout simplement vivre. J'ai expliqué pourquoi l'adolescence est une période si difficile. Il est, j'imagine, raisonnable d'admettre que chacun atteint sa maturité au cours de sa vingtaine, à condition d'échapper aux toxicomanies.

Vous admettrez peut-être, comme moi, que la logique naturelle va dans le sens d'une amélioration de l'existence avec l'âge et l'expérience, mais jusqu'à un certain point seulement : beaucoup considèrent en effet que la cinquantaine, sans parler de la vieillesse, sonne déjà le glas de notre passage sur terre. Je ne peux que répondre ceci : à quarante-huit ans, la période la plus sombre de ma vie de fumeur, je me voyais comme un vieillard, condamné à attendre la mort. Aujourd'hui, à l'approche de mon soixante-troisième anniversaire, je me sens jeune, débordant de punch. La vieillesse est un mythe. Les animaux ne s'embarrassent pas, comme nous, à compter les années et à se morfondre sur leur âge. Que vous ayez deux ou quatre-vingts ans, tant que vous vous sentez physiquement et mentalement jeune, cessez ces brimades, dévorez la vie ! Votre regard sur le monde importe plus que tout le reste. Nous sommes bien outillés pour affronter la naissance, l'enfance, l'adolescence ; nous le sommes aussi pour savourer les plaisirs et surmonter les revers que la vie nous réserve après cinquante ans.

Ce n'est pas le regain de forme et de vitalité dont j'ai pu jouir après avoir cessé de fumer qui m'a ouvert les yeux à l'incroyable robustesse physique et psychique de notre organisme. Pas directement du moins. Cette prise de conscience s'est plutôt inscrite dans la continuité du processus d'ouverture d'esprit qui m'avait d'abord conduit à arrêter le tabac. Le corps humain est vraiment une machine exceptionnelle, dont chaque fonction biologique contribue à assurer notre survie, que cela nous plaise ou non.

Je vous invite à passer en revue quelques situations typiques, où les jeunes peuvent chercher refuge dans les drogues. Les médecins prescrivent couramment à leurs patients divers *remontants* et *calmants*. Peut-on reprocher aux jeunes un tel raisonnement : « Il n'y a rien de mal à prendre de l'ecstasy. Après tout, cela me donne la pêche. Avec une pilule ou deux, je danse toute la nuit ! » ? Mais ils ne sont pas conçus pour danser toute la nuit. La fatigue n'est pas une maladie. Comme la faim et la soif, c'est un signal d'alarme qui signifie en l'occurrence :

TU AS BESOIN DE REPOS !

Qu'elle résulte d'une maladie ou du fonctionnement normal de notre corps, cette fatigue indique que l'heure de se reposer a sonné. Dans les deux cas, en avalant l'ecstasy, l'adolescent agit en dépit du bon sens. Loin de résoudre le problème, ce cachet se borne à éliminer un signal d'alerte vital. Croyez-vous réellement qu'un médicament puisse remplacer impunément une nuit de repos ? Si oui, alors nous n'avons plus jamais besoin de sommeil ; à la place, nous n'aurons qu'à prendre ces pilules magiques. Je constate avec regret que trop de jeunes, et trop d'adultes d'ailleurs sont persuadés que ces comprimés valent une nuit de repos. Peut-on décemment le leur reprocher, alors que certains médecins prescrivent des produits similaires ? En se bourrant de ces médicaments on finit trop souvent dans un état de léthargie continuelle. Il est essentiel d'établir une distinction claire entre la maladie et ses symptômes. Fréquemment, la médecine moderne s'efforce abusivement de masquer les symptômes plutôt que de s'attaquer à la maladie. Les symptômes, plus que des signaux d'alarme vitaux, sont souvent une composante essentielle de la guérison.

Regardez un pilote d'avion, qui navigue en se fiant aux indications données par ses instruments de bord. S'il s'aperçoit en plein vol que la jauge de kérosène indique zéro, va-t-il en modifier la valeur et continuer joyeusement son vol ? Votre organisme est également doté de capteurs et de mécanismes d'alerte, bien plus sophistiqués que ceux d'un avion moderne. Ils sont conçus pour vous protéger et concourir à un objectif essentiel :

VOTRE SURVIE.

Jouer avec ces instruments équivaut à voler les yeux bandés. Vous pourrez vous en sortir quelque temps, mais, à moins de retirer ce bandeau, vous finirez par vous écraser quelque part.

Les drogues ne se contentent pas d'avoir, à terme, l'effet opposé à celui pour lequel on les prend initialement. Elles ont aussi de fâcheux effets secondaires – sur les plans physiologique, mental, financier et social, effets qui tendent à s'aggraver avec le temps.

Le cas particulier de l'alcool mérite une petite digression. Pris avec modération, il vous débarrasse de vos peurs et de vos inhibitions, il vous insuffle un sentiment de sécurité. Quel mal y a t-il à cela ? Justement ! Vos peurs, vos inhibitions, votre sentiment d'insécurité se révèlent souvent être votre meilleure protection. Vous manquiez de confiance ? L'alcool vous aidera à vous sentir sûr de vous, mais attention, en même temps, alors que vous étiez auparavant en sécurité, l'alcool met votre existence en péril.

Nous avons toujours entendu dire que l'alcool donne du courage. Pourquoi avait-on coutume de distribuer une ration de rhum aux marins avant le combat ? Regardons de près deux hommes qui se querellent à cause d'un désaccord mineur. Ils mesurent les risques : si cela dégénère, ils pourraient y laisser des plumes, mais ils ne gagneraient rien à infliger à l'autre de sérieuses blessures. De peur de passer pour des lâches, ils se lancent dans cette inévitable séance d'intimidation, où, se tenant par le col, bombant le torse, chacun cherche une issue victorieuse sinon honorable, espérant que l'autre courbera vite l'échine ou qu'un tiers providentiel finira par les séparer.

L'altercation prend une tout autre tournure lorsque les deux protagonistes sont sous l'emprise de l'alcool. Cette peur salvatrice les a abandonnés, ce qui est regrettable à plus d'un titre : la perspective d'être blessés ne les dérange plus, mais pis encore, ils perdent toute retenue face aux dommages qu'ils sont prêts à infliger à l'autre. Une dispute *normale* prend généralement fin lorsque l'un des deux a réussi à imposer sa supériorité. En revanche, lorsque l'alcool s'en mêle, il suffit de parcourir la rubrique des faits divers du quotidien local pour constater le nombre d'altercations qui dégénèrent en tragédies, parfois en homicides, sans proportion avec le sujet de discorde.

Cette altération du comportement joue aussi pour l'alcool au volant. Certains individus sont assez stupides pour croire qu'avec quelques verres ils seront plus performants. La vérité – doit-on le rappeler ? – est que leur vigilance est amoindrie et leurs temps de réaction sont accrus. En même temps, l'alcool diminue leur faculté d'appréhension des risques d'accidents et les rend aveugles aux conséquences possibles d'un accident sur eux-mêmes, sur leurs passagers ou d'autres usagers de la route. Ils se sentent finalement plus détendus et plus adroits. Ce n'est qu'une illusion : l'alcool transforme un automobiliste prudent et responsable en un chauffard suicidaire.

Il est une autre confusion de taille : croire que l'alcool rend les gens heureux et gais. C'est en fait un produit dépresseur. Parmi les fêtes réussies qui m'ont laissé un souvenir impérissable, je n'en dénombre aucune qui doive son succès à la qualité ou à l'abondance de boissons alcoolisées. J'ai en revanche de nombreux exemples de soirées ennuyeuses à mourir, malgré la profusion d'alcool à gogo, et l'amer souvenir de merveilleuses soirées gâchées par l'alcool, parce que certains n'avaient manifestement pas su s'arrêter de boire à temps.

Vous partagez peut-être l'idée répandue que l'alcool aide certaines personnes à surmonter leur timidité et leurs inhibitions. Permettez-moi d'insister, en rappelant une fois de plus les faits. Nous pouvons tous, en principe, compter sur une ultime barrière qui nous défend de partager avec nos interlocuteurs certaines de nos pensées. Cette propension à s'accorder quelques instants de réflexion avant de parler est en quelque sorte le garde-fou entre pensée et paroles. Quelques rares énergumènes en sont dépourvus : leurs paroles fusent, en prise directe sur leurs pensées, les affublant ainsi d'une sorte d'incontinence verbale. Ils vous font part, sans aucune retenue, de la moindre idée qui leur traverse l'esprit, qu'elle excelle dans la banalité, la futilité, l'inexactitude, la stupidité, qu'elle soit dénuée de toute pertinence, qu'elle puisse insulter ou choquer. Ces personnes sont généralement impopulaires et malheureuses.

J'ai la chance d'avoir un garde-fou, mais seulement un. Il m'arrive d'être plongé dans l'embarras, lorsque, parfois, quelques pensées indésirables s'échappent par erreur. Il y a des gens qui peuvent compter sur deux garde-fous ou même plus, se prémunissant ainsi de tout risque de proférer la moindre parole qui pourrait ternir leur image ou blesser leur interlocuteur. L'alcool a effectivement un effet désinhibant, en détruisant ces ultimes barrières. Nous avons tous rencontré ces grands timides qui, en temps normal, n'osent ouvrir la bouche mais qui, après quelques verres, se montrent arrogants et veulent s'en prendre au monde entier.

Qui se laissera abuser par un changement de personnalité si radical ? Doit-on succomber à un soudain élan d'admiration : « Je n'avais jamais remarqué que Paul avait autant de personnalité ! » ou se résigner tristement : « Quand le vin entre, la raison sort » ? L'alcool n'apporte aucun remède à ceux que la timidité entrave et qui souffrent de leurs inhibitions, pas plus que l'autruche n'écarte le danger en enfouissant sa tête dans le sable. L'alcool ne pourra que vous enivrer ; sans changer le problème, il se contente pendant quelques heures de vous en faire oublier l'existence et surtout de vous abrutir. L'ébriété ne peut guère être une condition particulièrement agréable, parce que par définition on n'a plus conscience de ses sensations, qu'elles soient bonnes ou mauvaises. En revanche, surexposé, on devient vulnérable et on perd la protection de cette peur salvatrice.

Dans ces moments d'extrême vulnérabilité, considérez-vous chanceux si vous ne vous aventurez qu'à insulter ou agresser un proche qui ne relèvera pas. Estimez-vous aussi heureux de seulement bousiller votre voiture, de vous en tirer avec quelques modiques égratignures ou de n'écoper que d'un simple retrait du permis de conduire de quelques mois. Vous semblez dérouté… oui, il s'agit bien de chance, car tout cela arrive tôt ou tard lorsqu'on laisse son penchant pour l'alcool s'exprimer sans retenue. À vrai dire, tout se passe comme si vous étiez soudain frappé de cécité et de surdité… Mais les personnes sourdes ou aveugles à proprement parler ont conscience de leur handicap. Elles ont su, au fil du temps, compenser ce handicap en s'appuyant sur leurs autres sens, infiniment plus aiguisés, sur leur peur, leur vulnérabilité, leur compassion, leur pudeur et le respect d'elles-mêmes et d'autrui. L'alcool vous anesthésie le cerveau ; il émousse et déprécie chacun de vos sens.

Mais la chance ne sera peut-être pas toujours au rendez-vous ; pensez à ceux qui, parce qu'ils conduisaient en état d'ivresse, ont perdu le contrôle de leur véhicule et ont maintenant une mort sur la conscience. Imaginez ce cauchemar récurrent qui les réveille chaque nuit, en nage, hurlant, leur faisant revivre ce drame bien réel. Le football anglais a été dévasté par l'alcool. Les Anglais ont fait découvrir ce sport au monde entier, et ont paradoxalement vécu l'incroyable humiliation d'être exclus des compétitions européennes pendant huit années, à cause de l'alcool. Pensez à tous les maux que l'on doit à l'alcool. Vous souvenez-vous d'une seule occasion où l'effet de l'alcool a réellement été bénéfique ? L'ivresse vous dépouille de tous vos moyens, vous laisse à nu, sans défense, vulnérable. Sincèrement, vous estimez-vous heureux dans de telles circonstances ? Pensez-vous que l'autruche trouve le bonheur lorsqu'elle enfouit sa tête dans le sable ?

J'ai un temps adhéré avec conviction à l'idée que le pouvoir enivrant de l'alcool pouvait se révéler, ponctuellement, être un véritable bienfait pour soulager de traumatismes. Quand votre petite amie vous laisse tomber, quelques jours de *cuite* restent préférables à un engagement dans la légion étrangère. Si le travail vous accable et que vous ne pouvez vous octroyer ces quelques jours de vacances tant mérités, quel mal y a-t-il à boire quelques verres le soir pour se changer les idées ?

Noyer ses soucis dans l'alcool n'aide pas à les résoudre. Ce serait déjà pas mal si une bonne cuite avait l'effet réparateur d'une longue nuit de sommeil. Les problèmes resteraient entiers, mais cela aurait néanmoins l'avantage de vous laisser le lendemain matin tout ravigoté, à pied d'œuvre pour les affronter. Malheureusement, une fois l'effet de la boisson dissipé, votre problème sera en fait amplifié : l'alcool vous intoxique progressivement, sur le plan physique, moral, financier et social. Ce sont là des raisons supplémentaires pour rechercher un réconfort, dans la boisson évidemment. Comme avec la nicotine, l'organisme s'accoutume progressivement, réclamant des doses toujours croissantes. La hausse de la consommation s'accompagne de celle des effets indésirables et la dégringolade est rapide et inévitable, c'est en cela que réside la nature du piège.

Assurément, quel mal peut-il y avoir à n'abuser d'alcool qu'à l'occasion de soirées et d'événements festifs ? Même si vous vous aventurez sur ce terrain exclusivement par mimétisme social, la force du piège est qu'ensuite vous pourriez recourir à la boisson pour d'autres raisons. Est-il décemment possible de ne boire que pour des motifs purement sociaux ? Certes, il se peut que ce soit là un point de départ et qu'au début nous ne buvions que lors de soirées, mais n'est-ce pas déjà là une manière de fuir certaines difficultés ? Une situation embarrassante, où l'on se sent timide, inhibé, ou simplement la volonté de se fondre dans la masse ? Si vous commencez à vous imbiber d'alcool par convenance sociale, vous courez le risque de vous laisser entraîner sur cette pente glissante que les Alcooliques Anonymes appellent l'alcoolisme chronique !

C'EST LE VRAI VISAGE DE CE PIÈGE !

Bien des personnes prétendent être capables de faire usage toute leur existence de l'alcool, de la nicotine ou même de l'héroïne, sans jamais devenir alcooliques ou toxicomanes. Par la nature même de ces substances, des années sont en fait nécessaires avant que l'on ne se rende réellement compte de sa propre dépendance. Comme avec le tabagisme, l'inclination de chacun à s'enfoncer plus ou moins vite dans le gouffre dépend de nombreux facteurs, comme sa résistance au poison, son niveau social, le niveau de stress subi, ses fréquentations. Il est vrai qu'une fois qu'on touche le fond, le niveau social n'entre plus en ligne de compte. Le toxicomane ou l'alcoolique invétéré trouve toujours l'argent dont il a besoin, mais à l'instar des jeunes fumeurs qui se soustraient à la cigarette avant d'avoir les moyens financiers appropriés, certains consomment l'alcool en dilettante simplement parce qu'ils n'ont pas les moyens d'aller plus loin. Incontestablement, tous les insectes ne finissent pas avalés par la plante carnivore, certains meurent de causes naturelles. Chez les fumeurs, les buveurs ou les toxicomanes, beaucoup décrochent – ou décèdent – avant de toucher le fond.

Ces pièges sont dotés de subtils mécanismes à retardement. Mais cela ne doit pas brouiller les cartes : il ne vous viendrait pas à l'esprit d'envier la souris pour l'euphorie qui la saisit entre l'instant où elle croque le morceau de fromage et celui où la mâchoire de la tapette lui brise les os. Seriez-vous jaloux de la mouche qui se pose sur la plante carnivore pour goûter sa première dose du fameux nectar ?

Peut-être estimez-vous que ces digressions nous ont trop éloignés de notre mission, prévenir vos enfants des toxicomanies et de la cigarette en particulier ou les tirer de là s'ils sont déjà victimes. Nous sommes au contraire dans le vif du sujet. Le tabagisme des jeunes repose sur deux principaux piliers, qui sont le produit du lavage de cerveau intensif auquel ils sont exposés depuis leur tendre enfance. Rappelons-les :

1. le recours à la nicotine, à l'alcool, aux drogues licites ou illicites, même s'il présente des risques et des inconvénients, procure néanmoins certains bienfaits. Ces bienfaits l'emportent sur les inconvénients dans la mesure où l'usager est conscient de leur existence et reste maître de sa consommation ;

2. les jeunes sont incomplets sans de telles substances.

Il est fondamental de balayer ces deux fausses croyances, et vous ne serez pas en mesure de convaincre vos enfants si vous n'êtes vous-même déjà parfaitement convaincu.

Mais avant de conclure, je voudrais aborder deux autres aspects fondamentaux du tabagisme et souligner le lien tissé entre le tabagisme, l'alcool et les autres toxicomanies. Le premier concerne :

LA RECRUDESCENCE DU TABAGISME FÉMININ.

15

La recrudescence du tabagisme féminin

Après avoir tiré un trait définitif sur la cigarette, je me suis mis à pratiquer régulièrement le jogging. En m'exerçant chaque matin, j'étais abasourdi par le nombre de jeunes garçons que je croisais, âgés de 8 ou 9 ans à peine, qui fumaient déjà comme des cheminées. Petit à petit, au fil des ans, ce spectacle a été supplanté par un autre encore plus surprenant. Patrick Duffy, journaliste au *Sligo Times*, journal de la ville éponyme (Irlande), qui avait fait la critique de mon livre, dépeignait ainsi la situation très pertinemment :

Si par hasard vous vous trouvez à Sligo un jour de semaine, vers midi, vous y verrez des filles parmi les plus ravissantes d'Irlande. Ce sont des écolières rentrant déjeuner à la maison. En les croisant, vous tomberez en admiration devant leur teint immaculé et l'éclat de leur regard. Vous ne pourrez qu'être ému de la beauté des filles d'Irlande, qui rivalisent avec les plus belles filles du monde. Mais si vous êtes fin observateur, un détail captera votre attention, détail qui pourrait assombrir l'avenir de ces jolies filles. Une sur cinq environ tient une cigarette à la bouche ! Cela vous remplira de tristesse, parce que vous ne pouvez ignorer, à moins que vous n'ayez passé ces vingt dernières années reclus sur une île déserte, que le tabagisme est la première cause des principales maladies mortelles du monde occidental que sont le cancer et les maladies et accidents cardio-vasculaires.

Il n'est point besoin d'un grand effort pour s'imaginer à quoi ressembleront ces jeunes fumeuses dans une dizaine d'années. Elles seront alors certainement mariées et peut-être mères. Elles auront probablement un travail, une voiture, quelques emprunts à rembourser. De telles responsabilités pèseront lourdement sur leur vie et elles fumeront plus afin d'apaiser ces tensions. Elles dissimuleront sous une couche de maquillage leur teint autrefois immaculé, maintenant taché de lésions vasculaires. Leur regard n'aura plus cet éclat enchanteur. Mais il y a une chose qui restera toujours pareille à elle-même, c'est le mythe, le mythe monumental selon lequel le tabac apaise les tensions, favorise la concentration, soulage l'ennui et aide à se détendre. Foutaises ! C'est en vérité tout le contraire. Le tabagisme est la cause principale des maux qu'il est censé soulager !

Dix ans après la parution de cet article, je puis avancer, grâce à mes recherches personnelles, qu'en Angleterre, où l'on trouve des jeunes filles tout aussi ravissantes, la proportion serait plutôt de quatre fumeuses sur cinq.

Il est maintenant avéré en Grande-Bretagne comme dans plusieurs autres pays d'Europe que la proportion de fumeuses a rattrapé, si ce n'est dépassé, celle de fumeurs, en particulier pour les nouvelles générations. La prévalence du tabagisme chez les adolescentes est particulièrement choquante. Il est courant d'entendre certaines femmes en attribuer la justification à une prétendue imperfection inhérente au caractère féminin. Il est fondamental que vous compreniez bien qu'il n'existe pas de personnalités propices aux addictions, et qu'il n'est pas plus difficile pour les femmes que pour les hommes d'en finir avec la cigarette. Je dois également vous expliquer pourquoi la tendance est actuellement, c'est-à-dire depuis les années 1970-1980, à une forte augmentation du tabagisme chez les femmes.

Les soi-disant experts en la matière avancent diverses justifications à ces phénomènes. Parce qu'il y a quelques décennies, le tabagisme n'était pas considéré comme un passe-temps distingué, les femmes ne se reconnaissaient pas dans cette pratique et les fumeurs prévalaient. Certains experts attribuent le changement, amorcé depuis les années 1970, aux mouvements de libération des femmes : *non seulement elles portent le pantalon et prennent notre travail, mais elles mettent un point d'honneur à nous emprunter nos mauvaises habitudes*. Le nombre de femmes occupant des postes de direction qui se croient obligées d'abuser de jurons et de grossièretés pourraient ajouter foi à ce point de vue. Je suis cependant persuadé que le tabagisme n'est pas l'affaire d'un choix lié à une raison particulière, pas plus que le poisson ne décide sciemment de mordre à l'hameçon.

Les plus machistes déclareront que ce déséquilibre dans l'évolution des populations de fumeurs et de fumeuses provient essentiellement de la prise de conscience du caractère antisocial du tabagisme. La raison essentielle invoquée serait que les *mâles* affichent un meilleur taux de réussite au sevrage tabagique, grâce à l'avantage de leur plus grande force de volonté !

Désolé de vous ôter vos illusions, les gars, mais la seule raison acceptable qui puisse justifier cette tendance à l'accroissement de la proportion de fumeuses est l'opposée même. Je partage certes la conviction que le mouvement de libération de la femme est à l'origine de ce renversement de tendance, mais indirectement seulement. Pas parce que les femmes voudraient asseoir leur *masculinité*, mais pour la simple raison que, bien que ces mouvements aient œuvré en faveur des droits et de l'image de la femme moderne, ils leur ont également rendu la vie plus stressante.

N'importe quelle femme occupant une haute fonction, traditionnellement confiée à un homme, confirmera que, pour être acceptée et respectée, elle doit faire cinq fois mieux qu'un homme. La plupart des jeux télévisés sont présentés par des hommes, abusant de quolibets et mots d'esprit faussement improvisés. Le rôle de leurs collaboratrices se borne souvent à apparaître en tenue légère, à gratifier le public d'un sourire indélébile et laisser échapper de temps en temps quelques autres stupidités à l'évidence tout aussi finement préparées. Même si je reste aussi sensible à la beauté féminine que n'importe quel autre homme, je dois avouer qu'une telle image n'est pas très flatteuse.

Je suis régulièrement profondément contrarié d'entendre, dans mes centres, des patientes à qui je demande leur profession, répondre qu'elles sont « seulement femmes au foyer ». SEULEMENT ! Si vous analysez la plupart des professions, vous découvrirez – si vous n'en êtes pas déjà convaincu(e) – que celle de *femme au foyer* est véritablement l'une des plus stressantes. Une femme au foyer doit souvent assumer la responsabilité d'enfants en bas âge : leur vie même dépend à tout instant de sa vigilance. Et même si elle consacre une bonne partie de son temps aux tâches ménagères, cela ne la rend pas incapable de prétendre à un emploi hautement qualifié. Je considérais mon activité de comptable comme une profession à haute responsabilité. Je la trouvais particulièrement stressante, mais uniquement parce que je la haïssais. Mon occupation actuelle embrasse de bien plus vastes responsabilités – la vie même de personnes est entre mes mains – mais je ne la trouve pas stressante. Au contraire, elle me réussit tellement que j'en redemande.

L'illusion maîtresse du tabagisme est qu'il soulage du stress. La raison de la prépondérance du tabagisme des femmes est liée, que vous le veuillez ou non, au fait établi que leurs vies sont généralement plus stressantes que celles des hommes. Beaucoup de femmes d'aujourd'hui, en plus des tensions induites par l'implacable rivalité professionnelle avec le sexe opposé, en plus de l'épreuve de l'accouchement, ont également à s'acquitter de tâches dévoreuses d'énergie : entretenir une maison, cuisiner, s'occuper des enfants… Rares sont les hommes capables de s'acquitter des mêmes responsabilités. Il n'est alors pas étonnant que le nombre de fumeuses ait connu un tel essor.

Vous pensez peut-être que mon argumentation s'applique surtout au cas de femmes assumant une lourde charge de famille ou embrassant de prestigieuses carrières, mais pas aux adolescentes. C'est exact, mais n'oublions pas que, comme nous l'avons déjà montré, l'adolescence a toujours été une période oppressante de la vie, particulièrement pour les filles.

Par le passé, le cursus scolaire traditionnel cantonnait les jeunes filles à des activités académiques, à l'apprentissage de la musique, des arts, de la couture… Elles apprenaient à devenir des épouses et des mères méritantes. Au moins, elles savaient à quoi s'en tenir. Quels desseins les jeunes filles ambitionnent-elles aujourd'hui ?

Le mariage est incontestablement une institution de plus en plus chancelante. Une jeune fille peut-elle se contenter de rechercher le partenaire idéal au risque, en cas d'échec, de mettre son avenir en péril, ou n'a-t-elle pas plus intérêt à privilégier sa carrière et acquérir son indépendance ? Et quand bien même elle débusquerait ce mari idéal, que ferait-elle de son instinct maternel ? On peut certes concevoir que certaines femmes en soient totalement dépourvues, mais si toute la gent féminine avait perdu cet instinct, l'espèce humaine n'aurait pas survécu.

Même du temps de ma jeunesse, les jeunes filles étaient plus exposées au stress que les garçons. Elles étaient considérées comme des citoyennes de seconde classe. Elles devaient seconder ou remplacer leur mère pour les travaux ménagers. Elles avaient en plus à faire face aux tensions physique et psychique des menstruations. Les jeunes hommes pouvaient se vanter de leurs émois sexuels, mais si d'aventure une jeune fille avait la faiblesse de succomber à ses pulsions naturelles, elle passait pour une fille facile et devait vivre avec l'appréhension supplémentaire de se retrouver enceinte.

N'en tirez pas de conclusion hâtive : je ne cherche pas à vous convaincre que renoncer au tabac est plus difficile pour les femmes. Pas du tout ! Je veux simplement, sans porter de jugement, souligner que leur vie est plus stressante que celle des hommes. Pour cette raison, elles sont plus naturellement enclines à tomber dans le piège du tabagisme et à y rester. Il convient encore de faire passer le message :

LA CIGARETTE NE SOULAGE PAS LE STRESS,
ELLE LE CAUSE !

La cigarette constitue même, pour beaucoup de fumeurs, la source numéro un de stress. C'est la dépendance à la nicotine qui leur fait percevoir la plupart des situations de leur existence comme stressantes.

Je ne fais ici pas seulement allusion aux conséquences sur la santé physique et psychique de cet empoisonnement progressif, ni de l'impact pécuniaire, sur le dynamisme et l'estime de soi – il est vrai que ce sont des éléments anxiogènes. Je fais surtout référence au sentiment de panique, à la sensation de vide et d'insécurité que crée la nicotine. La combinaison de ces facteurs chez le fumeur est, à terme, de métamorphoser d'insignifiantes déconvenues de la vie quotidienne, qu'un non-fumeur accepterait sans sourciller, en épreuves majeures.

Faisons l'hypothèse quelques instants que les cigarettes soulagent le stress. On serait ainsi en droit d'attendre que les fumeurs se montrent plus calmes, plus décontractés que les autres. Est-ce la réalité ? Le fumeur ne paraît-il pas, *a contrario*, plus tendu, irritable et agité, particulièrement s'il n'a pas la possibilité de fumer ? Le fumeur n'a-t-il pas, plus que les autres, toujours besoin de quelque chose pour calmer sa nervosité ? Si la cigarette a le pouvoir d'apaiser ces tensions, pourquoi les fumeurs demeurent-ils si nerveux ?

Le tabagisme recèle bien trop d'aspects navrants. On serait bien embarrassé s'il fallait en désigner l'aspect le plus pitoyable, mais il est certain que le tabac chez les femmes enceintes figurerait en bonne place. Je suis exaspéré de voir notre société ne pas lever le petit doigt pour arracher ces jeunes filles aux griffes du tabagisme. Pire, nous les jetons pour ainsi dire tout droit dans le piège. C'est lorsqu'elles sont enceintes, au moment peut-être le plus angoissant de leur vie, celui où le soutien de la cigarette leur apparaîtra indispensable, que nous les harcelons pour qu'elles arrêtent. Et si elles échouent, nous les traitons avec le mépris que seul un bourreau d'enfants mériterait.

On peut comprendre une telle attitude au sein de la profession médicale, même si le résultat n'est finalement bénéfique ni à la mère ni à l'enfant à naître. Mais qu'ils soient fumeurs ou non, sa famille, ses amis, de parfaits inconnus même, tous se sentent obligés d'enfoncer le clou. Même ses amies fumeuses se joignent à la curée et l'accablent de reproches du genre : « Je ne comprends pas que tu fumes toujours, maintenant que tu es enceinte. À ta place, j'arrêterais sur-le-champ ! » Il est amusant de constater, au passage, que ces dernières adoptent un point de vue bien différent lorsque, à leur tour, elles attendent un enfant.

Certaines jeunes femmes sont nées sous une bonne étoile : lorsque la nature les amène à modifier leurs habitudes alimentaires dans leur intérêt et celui du bébé, l'envie de fumer les abandonne. Le corps humain est vraiment une fabuleuse machine ! D'autres sont résolues à arrêter, mais n'y parviennent pas. Même si, au terme de la grossesse, l'enfant naît en bonne santé, l'échec de cette tentative, dont on ne saurait les rendre responsables, leur laisse un perpétuel sentiment de culpabilité. D'autres encore parviennent à surmonter la dépendance pendant toute leur grossesse. Et, au bout de neuf mois d'inconfort, de craintes, d'espoirs et d'émotions, survient le moment le plus stressant de leur existence : l'épreuve physique et psychologique de l'accouchement, et enfin le miracle de la naissance.

La jeune mère et l'enfant se portent bien, les craintes se sont dissipées, la douleur et l'épuisement sont momentanément oubliés. La jeune mère vient de passer de l'enfer au paradis. Ce sont les deux situations extrêmes pour lesquelles le fumeur est parfaitement conditionné : J'AI BESOIN D'UNE CIGARETTE !

Certaines de mes patientes, après avoir vaillamment résisté toute leur grossesse sans une cigarette, ont témoigné en avoir grillé une dès l'accouchement, avant même que le cordon ombilical ait été coupé, ou dans les minutes qui ont suivi. D'autres résistent à cette pulsion soudaine, mais finissent par craquer lors de la phase de dépression postnatale. À mon grand regret, rares sont celles qui profitent de leur maternité pour arrêter définitivement. Une fois que la bonne raison d'arrêter a disparu, l'envie de fumer remontre le bout de son nez. C'est d'ailleurs une règle générale.

Beaucoup de femmes enceintes apportent peu de crédit aux effets nocifs du tabac sur l'enfant qu'elles portent ou bien elles s'abritent derrière de tristes excuses : « Je crois que je ferais encore plus de mal à mon bébé si je tentais d'arrêter maintenant. » Certaines prétendent même en avoir reçu l'interdiction formelle de leur médecin, dans l'intérêt de l'enfant. On pourrait consacrer un livre entier à ces conseils sur le tabagisme émanant du corps médical. Mythes ou réalités ? Beaucoup sont certainement authentiques, mais je devine que ces déclarations rapportées par ces fumeuses sont souvent hors contexte ou romancées. Il est aussi monnaie courante de se justifier en s'appliquant à soi des arguments avancés par d'autres fumeuses, en partant du principe que si c'est vrai pour l'une, c'est aussi vrai pour l'autre.

Il n'est pas dans mes intentions de dresser un tableau détaillé des effets nocifs du tabac sur le nourrisson, qui peuvent nuire à sa santé et même lui être fatals. Ce sujet est suffisamment abordé dans d'autres ouvrages, et, surtout, le mal qu'elle pourrait faire à son enfant est, à mon avis, la dernière chose dont une femme enceinte veut entendre parler. Elle est au courant, mais continue malgré cela à fumer. Tous ces gens bien intentionnés qui stigmatisent les fumeuses enceintes ne semblent pas comprendre qu'elles sont les premières à déplorer cette situation. Elles se sentent coupables, même si elles refusent de l'admettre et essaient maladroitement de se justifier – c'est d'ailleurs le lot quotidien de chaque fumeur, au cours de son existence. Et plus leur entourage les fait culpabiliser, plus elles recherchent le réconfort illusoire de la cigarette.

En plus de l'inconfort que peut représenter sa grossesse et de la stigmatisation dont elle est victime, la fumeuse subit un choc supplémentaire lorsqu'elle est enceinte. Comme beaucoup de jeunes fumeuses, elle se croyait maîtresse de sa consommation, persuadée de pouvoir cesser de fumer quand le besoin se manifesterait. La grossesse lui ouvre les yeux : elle réalise dorénavant qu'elle est semblable aux autres, une parmi des millions d'autres *droguées* à la nicotine.

Il faut tout de même que je vous fasse part d'une des conséquences du tabagisme d'une femme enceinte sur l'enfant qu'elle porte. J'ai lu que les enfants de mères héroïnomanes souffraient comme leur mère de l'état de manque. Cela semble parfaitement logique, puisque le même sang traverse les veines de la mère et celles du fœtus. Il est donc probable que l'on puisse tirer les mêmes conclusions à propos de la nicotine. J'ai ainsi effectué une petite enquête auprès de mes proches sur le comportement de nouveau-nés lors de leurs premières semaines.

Je dois convenir que cette étude ne concernait qu'une vingtaine de cas, et qu'elle n'avait en rien la rigueur d'une réelle démarche scientifique. Les mères non-fumeuses avaient majoritairement des bébés *heureux*. En revanche, les nourrissons issus de mères fumeuses avaient tendance à pleurer beaucoup.

Je me suis pour beaucoup appuyé sur des observations datant d'années antérieures à l'époque de l'étude. Vous pourriez penser que mon jugement a été influencé par l'idée que je me faisais du résultat. Il n'en est rien. En fait, ces conclusions venaient à contre-courant de mes croyances, à un point tel que je fus amené à douter de mes convictions. J'affirme haut et fort que la gêne physique inhérente au manque de nicotine est si légère qu'on la remarque à peine, et que ce dont les fumeurs souffrent en cessant de fumer n'est pas cette démangeaison presque imperceptible, mais de ne pas être mesure de se *gratter*. Par conséquent, même si un bébé souffrait de cette gêne, il ne pourrait en aucun cas savoir qu'une cigarette y mettrait un terme, alors pourquoi serait-il perturbé outre mesure ?

Chaque fois que j'ai eu recours, pour arrêter de fumer, à la méthode fondée sur la volonté, l'impossibilité de fumer me mettait sur les nerfs. Mais lorsque j'ai enfin compris que la sensation de vide était une conséquence de la cigarette et qu'elle ne tarderait pas à disparaître, sa présence ne m'a plus dérangé le moins du monde. Il est vrai que je n'ai vécu que deux cas de figure : d'abord persuadé que la cigarette soulageait la sensation de vide, je sais maintenant qu'elle est responsable. En revanche, je n'ai jamais connu cette sensation de gêne physique liée au manque de nicotine sans pouvoir la relier à la cigarette dans un sens ou dans l'autre. Comment pourrais-je donc apprécier ce que je ne connais pas ?

Il y a cependant un élément de réponse qui peut nous éclairer. J'ai expliqué que la gêne éprouvée en cas de manque de nicotine est comparable à la faim. Les nouveau-nés manifestent instinctivement leur faim par des pleurs, jusqu'à ce qu'ils trouvent un moyen d'expression plus évolué. Ainsi, s'il est en manque de nicotine, le bébé souffrira d'une faim permanente et passera son temps à pleurer. Le nourrir ne calmera pas sa faim de nicotine. Au contraire, sa mère, exténuée et déconcertée par ses pleurs, attisera même le problème en le suralimentant.

L'espérance de vie des femmes dans les pays occidentaux dépasse systématiquement celle des hommes. J'ai cru comprendre que ces dernières années cet écart tendait à se réduire. Serait-ce là une conséquence directe du lien entre le tabagisme et la longévité ?

Pour clore ce chapitre sur une note plus légère, nous avons vu que beaucoup de fumeuses enceintes, malgré la pression de leur entourage, ne parviennent pourtant pas à se défaire de la cigarette. J'ai récemment rencontré une femme pour laquelle cela n'avait posé aucun problème, mais qui a replongé après l'accouchement. Elle a alors délibérément décidé de retomber enceinte, pas parce qu'elle voulait un autre enfant à tout prix, mais car elle savait que cela lui permettrait d'arrêter. Un tel stratagème est à proscrire, il ne marche pas.

Venons-en au second aspect du tabagisme que je tenais à évoquer avant d'aborder les conclusions :

LES PASSERELLES ENTRE LE TABAGISME, L'ALCOOL ET LES AUTRES FORMES DE TOXICOMANIE.

16

Les passerelles entre le tabagisme, l'alcool et les autres formes de toxicomanie

Nous avons examiné l'influence du lavage de cerveau sur le plaisir et les avantages dont jouissent les fumeurs, et vu comment nos enfants subissent ce conditionnement depuis leur plus jeune âge. Nous avons également expliqué en quoi l'enfance et l'adolescence sont des périodes profondément stressantes de l'existence. Enfin, bien que chacun dispose en lui-même de ressources pour surmonter ce stress, les mythes prétendant le contraire et attestant de l'indispensable soutien que procurent remontants et médicaments restent solidement ancrés dans la croyance collective.

En vérité, ces deux croyances ne sont que de pures illusions. Avant de commencer à fumer, nous sommes des êtres parfaitement complets. En cela, je n'insinue pas que notre existence est parfaite, mais que nous savons profiter d'occasions en société et surmonter le stress sans le secours de remontants ni de médicaments. Ce n'est qu'en expérimentant cette première cigarette, et s'exposant ainsi à la dépendance nicotinique, que ce double lavage de cerveau prend toute sa dimension.

L'apprenti fumeur a mis le doigt dans un terrible

engrenage. Avant la cigarette, il ressentait peut-être, à tort, le besoin d'un remontant. Il s'imaginait peut-être le tabac comme un réconfort potentiel, même si nous savons qu'il n'en est rien. Une fois sous l'emprise de la nicotine, tiraillé par la sensation de manque, il sait qu'il peut compter sur la cigarette pour le soulager. La logique de ce mécanisme lui échappe, tout comme la raison pour laquelle la démangeaison disparaît si l'on se gratte. Ce dont on est certain, c'est que cela soulage.

Le jeune fumeur souffre maintenant en permanence de ce vide, que nous savons créé et entretenu par chaque cigarette. Lui l'attribue à une sorte de faiblesse dont il est victime, une déficience intrinsèque, que la cigarette aiderait à apaiser. Son corps s'accoutume au poison ; bientôt, chaque cigarette ne soulage plus que partiellement ce malaise relancé par la cigarette précédente. Naturellement, il tend ainsi à renforcer sa consommation, ce qui accélère le processus, inéluctablement, au point que le soulagement, au début partiel, devient à terme inexistant.

À ce stade, le fumeur pourrait être amené, consciemment ou non, à rechercher un réconfort auprès d'un autre produit plus puissant. Je dois m'estimer heureux d'avoir alors jeté mon dévolu sur la nourriture, plutôt que sur d'autres formes de toxicomanie. Beaucoup trouvent leur échappatoire dans l'alcool, la marijuana, la cocaïne ou l'héroïne… Ils ne renoncent pas pour autant à la cigarette. Ils ne font que s'aventurer sur une mauvaise pente de plus.

Comme s'il n'était en lui-même pas suffisamment désastreux, le tabagisme marque aussi le début d'un engrenage. Il nous amène à croire à l'existence d'un vide en nous, et perpétue le mythe que certains produits ont la capacité de combler ce vide.

Vous pourriez vous demander pourquoi, moi qui suis

passé en un clin d'œil du statut de non-fumeur à celui de fumeur impénitent, n'ai jamais tenté l'aventure d'autres toxicomanies, à l'exception de l'alcool. Je n'ai même jamais fumé un joint. Je suppose que la raison est la même que celle qui éloigne ces jeunes de leur première cigarette : ils sont pétrifiés à l'idée de devenir accros. Au commencement, je n'avais pas compris que le tabagisme n'était qu'une histoire de dépendance. Je suis cependant devenu si rapidement et si profondément accro que l'idée me révulsait d'essayer ce qu'alors je considérais comme des drogues dures.

À ce jour, je n'éprouve pas le moindre désir d'expérimenter une autre drogue ; je n'ai pourtant aucune inquiétude de devenir dépendant, tout simplement parce que je suis convaincu qu'elles n'apportent pas d'authentique satisfaction, et qu'elles n'ont même que des côtés négatifs. Je suis également persuadé que mon corps dispose de toutes les substances chimiques nécessaires pour croquer la vie à pleines dents et surmonter le stress. Je pourrais même envisager d'essayer l'héroïne si cela pouvait m'aider à étayer mes affirmations. La dépendance ne puise pas sa force dans la réaction chimique elle-même, mais dans l'illusion que la drogue est indispensable pour apprécier la vie ou en supporter les aléas. Une fois que l'on est débarrassé de cette illusion, la dépendance s'écroule comme un château de cartes.

Sur un plan thérapeutique, je n'ai recours aux médicaments, qu'en cas de dysfonctionnement de mon organisme dont la cause ne pourrait être corrigée. Et même dans ce cas, je ne prendrais que des produits prescrits par un médecin diplômé, après m'être bien renseigné sur leur principe actif. Des injections d'anesthésiants avant une intervention dentaire, avant des points de suture ou tout autre traitement médical me semblent ainsi parfaitement justifiés.

J'implore les adolescents et les jeunes gens de ne pas s'aventurer à essayer la moindre drogue dans le but de prouver qu'ils n'en seront pas dépendants. Je n'ai pour ma part aucun besoin de les expérimenter pour me prouver que je ne me ferais pas piéger. Je pourrais, certes, envisager d'essayer de l'héroïne pour en apporter la preuve à une tierce personne, et ce uniquement dans l'optique d'appuyer mon discours sur les mécanismes des drogues et d'aller plus avant dans l'éradication de ces plaies.

Tout ce que vous pourriez entreprendre afin de prouver que vous êtes capable de prendre une drogue sans en devenir accro, traduit simplement votre méconnaissance de ses mécanismes et met donc en lumière votre particulière vulnérabilité. Si vous en faites déjà usage, persuadé d'être maître de la situation, alors

VOUS ÊTES DÉJÀ ACCRO, VOUS ÊTES
UNE NOUVELLE VICTIME.

Tous ces produits ont forcément un effet sur l'organisme, qu'il soit positif, négatif, insignifiant ou autre. L'héroïne est un puissant anesthésique qui procure une profonde relaxation. Mais pourquoi recherche-t-on cet effet relaxant ? Partagez-vous l'idée que vous résoudrez le problème de votre voiture en supprimant les avertissements lumineux du tableau de bord ? Loin de résoudre le problème, l'héroïne contribue à l'exacerber. Cette substance n'a pas le moindre effet stimulant : elle a, à l'inverse, un effet dépresseur reconnu médicalement.

Comme je l'expliquerai bientôt, en principe, ce n'est pas le plaisir ou déplaisir de la première confrontation avec une drogue qui détermine la future dépendance. Cependant, si cette première expérience se révèle effectivement déplaisante ou si elle ne suscite aucune sensation particulière, votre méfiance se trouvera assoupie. Si l'expérience est particulièrement difficile, on peut perdre tout désir de recommencer. Par essence même, une arnaque ne peut fonctionner que si l'on parvient à gagner la confiance de la victime. Les dangers sont connus, alors pourquoi tenter le diable avec cette première cigarette, ce premier joint ou cette première dose d'héroïne ? Je suppose que neuf fois sur dix, c'est la curiosité, l'instinct rebelle, la pression de l'entourage ou une simple lassitude qui nous y poussent. Et, mis à part pour la nicotine, c'est souvent sous l'influence de l'alcool que l'on se permet de franchir le pas.

Il est regrettable que l'instant de cette première cigarette ou de cette première dose de drogue ne s'impose pas comme une occasion particulièrement marquante. Qui pourrait croire, après tout, que cet acte apparemment anodin dirigera et gâchera bientôt le cours de notre vie ? Cette personne, victime d'un accident mortel, n'avait aucune idée de ce qui allait lui arriver, en s'installant au volant de sa voiture quelques instants plus tôt. Ce n'est que lorsque j'ai effectivement pris conscience de ma dépendance à la cigarette que ma première expérience a rétrospectivement revêtu toute son importance. Le fumeur ou le toxicomane ne mesure la bêtise de cette première fois qu'avec le recul. Et il ne peut que se sentir encore plus imbécile s'il se souvient de s'être forcé à poursuivre son initiation malgré, ou plutôt à cause, de ce côté déplaisant. Il est bien plus facile de se persuader que : *cela m'a réconforté* ou *c'était vraiment très agréable. Sinon pourquoi aurais-je continué ?* Il ne faut jamais prendre pour argent comptant le récit que fait un fumeur ou un toxicomane de sa première expérience avec l'objet de sa dépendance.

Les fumeurs sont nombreux à croire qu'ils n'apprécient en fait qu'une ou deux cigarettes par jour. En vérité, aucune n'est réellement appréciable. Nous accueillons parfois dans nos centres des fumeurs qui prétendent que chaque cigarcttc les envoie sur un petit nuage. Pour peu qu'on les invite à en fumer une de manière totalement consciente, ils découvriront avec désarroi qu'il n'y a pas de petit nuage.

Je suis intimement convaincu que ce n'est pas l'effet de « défonce » de l'héroïne qui maintient l'héroïnomane accroché, pas plus que le prétendu coté « planant » de la cigarette ne maintient le fumeur dépendant. Le tabac appartient à la famille des opiacés, et a indiscutablement un effet comparable à celui de l'alcool. Je suis favorable à l'usage ponctuel, par la communauté médicale, de calmants pour soulager la douleur, mais en tant que solution à moyen ou long terme pour le traitement de la dépression, leur effet se révèle néfaste.

Admettons que la grande force de l'héroïne est de combiner les propriétés de l'alcool et de la nicotine. L'effet enivrant s'accompagne d'un état nerveux accentué par le manque. Partagez-vous l'idée que l'effet enivrant de l'alcool est salutaire ? Mais quelles raisons nous amènent à rechercher l'ivresse ? N'est-ce pas là un signe d'insatisfaction, le signe d'une carence affective ou autre ? Se saouler, c'est simplement se plonger dans un oubli temporaire ; sans résoudre le moindre de nos problèmes, l'ivresse se borne à les aggraver. Ce ne serait pas si mal si l'on pouvait profiter de ce moment d'oubli. Mais comment voulez-vous en profiter si vous n'avez conscience de rien ? Enviez-vous la joie de vivre des alcooliques ? Si c'est le cas, allez faire un tour à une réunion des Alcooliques Anonymes et jugez par vous-même.

Si l'héroïne conjugue les spécificités de l'alcool et

de la nicotine, ce sont bien deux fois plus de raisons de n'y jamais toucher. Mais revenons à l'objet de notre discussion, et attachons-nous à empêcher votre enfant de se mettre à la cigarette, ou bien aidons-le à rompre la dépendance s'il est déjà touché. Est-ce l'effet planant de la cigarette ou les terribles sensations de manque qui gardent le fumeur prisonnier ? Comme nous l'avons déjà établi, on peut profiter de l'euphorie de moments privilégiés, comme Noël l'est aux enfants, sans tomber dans la dépression immédiatement après. Ce n'est pas la merveilleuse sensation de bien-être qui tient les héroïnomanes, mais l'horreur des symptômes du manque, que je vous propose justement d'examiner plus en profondeur.

Une autre contrevérité majeure circule à propos des toxicomanies et de l'héroïne en particulier : l'idée selon laquelle les symptômes de manque sont si sévères que les véritables accros qui se risqueraient à cesser net du jour au lendemain y laisseraient leur peau. De l'avis des héroïnomanes que nous avons accueillis dans nos centres, ces symptômes s'apparenteraient à ceux de la grippe. Pensez-vous que la grippe est la pire expérience qui soit ? Hésiteriez-vous entre quelques jours de grippe et être accro à l'héroïne pour le reste de votre vie ?

Si votre scepticisme persiste, peut-être serait-il souhaitable d'examiner d'autres exemples. Il y a quelques années, une étude universitaire, menée dans l'univers carcéral, a mis en évidence, chez des adeptes de drogues dures purgeant de longues peines sans accès à la drogue, l'absence de symptômes physiques manifestes liés au sevrage. Une fois leur peine terminée, de retour dans leur environnement habituel, quelques mois leur suffisaient généralement pour renouer avec la dépendance.

Fait encore plus étonnant, cette étude rapporte l'infiltration du milieu par des policiers se faisant passer pour des héroïnomanes. Ceux-ci découvrirent que les doses qu'ils pouvaient se procurer contenaient en fait de très faibles quantités d'héroïne, quelquefois même n'en contenaient pas du tout. Étonnamment, les vrais héroïnomanes qui consommaient les mélanges de même provenance ne semblaient pas s'en rendre compte. Si le manque est un problème physiologique, comment l'effet placebo pourrait-il fonctionner ?

Cette même étude fait référence à un programme de sevrage de l'héroïne, dispensé dans un monastère de Bangkok, et affichant un taux de réussite exceptionnel. J'avais moi-même pu me documenter très précisément à son sujet. Les patients en cours de traitement devaient, plusieurs fois par jour, boire une préparation spéciale. Le moine à l'origine de cette méthode prétendait que ce breuvage purgerait leurs corps de toute trace d'héroïne. À l'évidence, la boisson les rendait tous sérieusement malades. Cela n'avait rien d'étonnant, car après analyse, le constituant principal de cette mystérieuse boisson se révéla être notre chère et vieille amie, la nicotine. L'omniprésence de la nicotine n'est-elle pas remarquable, lorsqu'on parle d'alcool, de marijuana, d'héroïne ou de crack ?

Les toxicomanes devaient supporter un épouvantable calvaire. Quand ils n'avaient plus rien à vomir, ils passaient le reste de leur temps avachis sur leurs paillasses à s'apitoyer sur leur misérable sort. Ce programme affichait pourtant un taux de réussite hors du commun, ce que je n'ai d'ailleurs aucune peine à croire. Les experts occidentaux, perplexes devant l'efficacité de cette mystérieuse potion, l'analysèrent minutieusement, afin d'y déceler l'ingrédient magique. Ce succès a le mérite d'aider à faire voler en éclats le mythe selon lequel des héroïnomanes invétérés seraient incapables de renoncer net à la drogue. De plus, ils ne se sont pas contentés d'arrêter l'héroïne de but en blanc : on les a en même temps affamés et contraints à ingurgiter régulièrement des doses de poison. *In fine*, non contents d'avoir effectivement survécu à ce traitement, la majorité a de surcroît réussi à décrocher de l'héroïne.

Induits en erreur par la certitude que des héroïnomanes purs et durs ne pourront jamais décrocher du jour au lendemain, les soi-disant experts en toxicomanie préconisent, particulièrement dans le cas de l'héroïne, un sevrage progressif basé sur l'emploi de produits de substitution. Dans mon livre *La Méthode simple*, j'ai expliqué pourquoi une telle démarche réduit fortement les chances de succès, quel que soit le type de toxicomanie.

Être soudainement atteint de cécité permanente serait pour une personne voyante, comme moi, un traumatisme inimaginable. Pourtant, pour un aveugle de naissance, cette situation n'est pas traumatisante, mais fait partie de sa normalité. La dépendance aux drogues a cette funeste particularité que la descente aux enfers est si lente, si graduelle, que le sujet ne se rend compte de rien. Des personnes à l'écart des toxicomanies poseront un regard horrifié sur un alcoolique chronique, un junkie qui se pique à l'héroïne ou un fumeur qui tousse à cracher ses poumons. Mais pour un toxicomane, cela fait partie du quotidien. À un tel point que les toxicomanes les plus invétérés ne sont pas réellement persuadés de leur envie d'arrêter. Les héroïnomanes ne retirent pas de plaisir intense de l'héroïne, ni les fumeurs du tabac, ni les alcooliques de la boisson. Ni les uns ni les autres ne sont, non plus, victimes de souffrances insupportables quand ils doivent s'abstenir.

La vraie force qui les maintient dépendants réside

dans la croyance que, s'ils tentent de décrocher, ils vont devoir faire le sacrifice définitif de ce réel remontant ou ce réel plaisir. Tôt ou tard, ils finiront par convenir que la détresse du toxicomane (ou du fumeur…) est préférable à l'éternel supplice de l'abstinence. Ils admettront, après mûre réflexion, que le problème n'est pas tant de fumer, boire ou autre… mais de ne pouvoir maîtriser sa consommation. Ils ne s'expliquent pas pourquoi il leur est si difficile d'en maîtriser l'usage et pourquoi cela débouche irrémédiablement sur le pire des supplices : à la fois être accro et condamné à s'abstenir.

Il est en fait facile de renoncer à n'importe quelle drogue, aussi surprenant que cela puisse paraître de prime abord. Les soi-disant experts en la matière savent que le fond du problème n'est pas en soi d'arrêter, mais de ne pas replonger. Ils attribuent cette difficulté au facteur environnemental, l'influence de leurs amis toxicomanes, qui tôt ou tard finit par faire rechuter les ex-toxicomanes. Une telle théorie reviendrait à soutenir que des ex-fumeurs craquent parce qu'ils se sont hasardés dans un débit de tabac pour bavarder avec le propriétaire. Si un ex-fumeur rentre dans un bureau de tabac, c'est pour une raison et une seule : SE PROCURER UN PAQUET ! C'est à cause de leur extrême vulnérabilité que tant d'ex-toxicomanes finissent par replonger : ils ne sont pas réellement guéris, mais seulement en sursis. L'envie de la drogue, même si elle reste infime ou occasionnelle, ne les ayant jamais abandonnés, ils restent vulnérables, et, parce qu'elle ne leur inspire pas la peur qu'elle devrait, ils finissent par céder à la tentation. Ils retournent alors vers leurs anciens amis toxicomanes, avec une seule idée en tête :

La méthode du moine thaïlandais évoquée plus haut s'apparente véritablement à une variante *a priori* de traitement de choc. Le traitement de choc classique, tableau exhaustif des risques encourus, se révèle habituellement inefficace car, aussi atroce qu'il soit, les sujets ne se sentent pas réellement concernés par les atrocités qu'on leur dépeint. Et lorsqu'ils y ont effectivement droit, il est alors déjà trop tard. En revanche, les patients du monastère ont déjà survécu à une épreuve bien plus traumatisante que l'expérience de leur addiction elle-même. L'idée de retomber dans la dépendance, et avec elle la perspective d'un nouveau séjour au monastère leur sont insupportables.

Il n'est pas dans mes intentions de promouvoir une telle méthode, seulement d'expliquer pourquoi les résultats sont au rendez-vous. Je la déconseille car elle comporte, à mon avis, trois inconvénients majeurs :

1. l'horrible traumatisme que les adeptes doivent supporter ;
2. elle n'élimine pas le problème de fond, la dépendance, ce besoin maladif de la drogue. Le patient garde ainsi un sentiment de sacrifice et reste vulnérable. Par ailleurs, ceux qui ont le malheur de rechuter doivent à nouveau subir ce traitement inhumain ;
3. loin de démythifier les mécanismes de la dépendance, cette méthode ne fait que rajouter un peu plus à la confusion générale.

On n'est fort heureusement pas condamné à recourir à de tels stratagèmes. Il n'y a en réalité aucune difficulté à décrocher de n'importe quelle toxicomanie, à partir du moment où l'on comprend qu'elle n'apporte absolument rien et que l'on dispose déjà en soi des ressources nécessaires. Vous me reprocherez peut-être d'aller un peu vite en besogne en jetant dans le même sac l'alcool, le crack, la nicotine, l'héroïne, la cocaïne et la myriade de nouvelles drogues, avec chacune leur cortège d'effets physiologiques et psychologiques. J'ai une très bonne raison de le faire :

ELLES ONT EFFECTIVEMENT UN EFFET SUR NOTRE ÉTAT PHYSIQUE ET MENTAL. MAIS CET EFFET EST NÉGATIF ET NOUS AVONS, PHYSIQUEMENT ET MENTALEMENT, DÉJÀ TOUT CE QU'IL NOUS FAUT SANS ELLES.

Avant d'aborder le terme de cet ouvrage, je vous propose d'examiner :

LES STRATÉGIES CLASSIQUES DE LUTTE CONTRE LE TABAGISME.

17

Les stratégies classiques de lutte contre le tabagisme

Quelles sont, à ce jour, les mesures classiques que préconisent les instances dirigeantes en terme de lutte contre le tabagisme et autres toxicomanies, ces pestes noires du XXe siècle ? On dénombre en fait six grandes méthodes.

1. Le traitement de choc.
Des campagnes massives, visant à sensibiliser les toxicomanes sur ce qu'ils savent déjà aussi bien que ceux qui cherchent à les informer : QU'ILS SE COMPORTENT COMME DES IMBÉCILES ! En tant qu'aide au sevrage, cette méthode se révèle inefficace auprès de la grande majorité des personnes concernées. Sur le plan préventif, essentiellement auprès de la jeunesse, cette stratégie ne rencontre pas plus de succès.

2. Le recours à des substituts appropriés.
Le dilemme des stratégies de substitution est identique pour tous les types de toxicomanie, comme l'illustre typiquement le cas du tabagisme :

« Pourquoi aurait-on besoin de substituts ?

– La question me semble bien sotte : l'usage d'un

substitut est bien sûr nécessaire pour remplir le vide créé par l'absence de cigarettes.

– Il y a quelque chose qui m'échappe. Recourir à un produit de substitution ne me semble justifié que si le produit original vient à faire défaut. Or, il ne me semble pas y avoir pénurie de cigarettes, alors pourquoi recourir à un substitut ?

– C'est dans ce cas précis souhaitable parce que le produit d'origine, en l'occurrence la cigarette, présente de terribles inconvénients.

– Insinuez-vous que, bien que les cigarettes soulagent du stress et de l'ennui et qu'elles aident à se concentrer et se décontracter, leur usage présente des risques pour la santé et un coût financier et social ?

– Il me semble que vous voyez où je veux en venir.

– En effet. Si je comprends bien, vous cherchez un produit qui ait les avantages de la cigarette, sans en présenter les inconvénients majeurs.

– C'est exactement cela.

– Mais l'ennui et la concentration sont des situations radicalement opposées, la relaxation et le stress aussi. Pensez-vous réellement trouver un produit miracle qui puisse faire l'affaire ?

– C'est un réel défi, mais il ne faut pas baisser les bras.

– Allons, êtes-vous sûr que c'est moi qui raconte des sottises ? »

Il peut sembler aberrant que les substituts les plus fréquemment employés contiennent la substance même dont le toxicomane est censé se débarrasser. N'est-on pas en droit de douter de la pertinence d'une telle démarche, pourtant prônée par des soi-disant experts ?

— Bon… Le fond du problème est votre dépendance à la nicotine. Il existe heureusement des substituts, sous la forme de chewing-gum, de patch ou même d'un spray nasal très pratique.

– Je vous remercie, docteur. À propos, quel est donc ce fameux substitut ?

– De la nicotine, bien sûr, pourquoi ? »

Pourriez-vous un instant imaginer un médecin s'adressant à un jeune fumeur d'héroïne : « Il ne faut pas fumer de l'héroïne, car fumer, c'est dangereux. Pourquoi ne la prends-tu pas plutôt en injection, afin de te désaccoutumer progressivement ? »

Le recours à un substitut présente un inconvénient majeur : il conforte le toxicomane dans l'idée qu'il fait un réel sacrifice et que sans la drogue la vie est impossible. Dans son esprit, le renoncement à la drogue n'est pas la guérison d'une maladie : quand vous guérissez de la grippe, partez-vous en quête d'une autre affection pour la remplacer ? La clé de la *Méthode simple* est de faire prendre conscience aux fumeurs de la complétude de leur existence avant la cigarette, et les convaincre qu'ils retrouveront cet état une fois libérés du conditionnement physique et mental, le *lavage de cerveau.*

3. Se soustraire à l'environnement qui a favorisé la toxicomanie.

Cet objectif en soi est parfaitement louable, mais il est prouvé que les frontières sociales sont perméables à l'alcool, à l'héroïne et à la nicotine. Pour réussir une telle entreprise, il serait nécessaire d'éradiquer toute forme de stress de l'existence de chacun. Est-il nécessaire de signaler qu'il s'agit là d'un vœu pieux ?

4. L'approche des Alcooliques Anonymes.

Elle est pour moi la pire de toutes les approches, parce qu'elle culpabilise le fumeur ou le toxicomane en lui faisant endosser la responsabilité de sa situation, plutôt qu'à la drogue elle-même et à l'attitude de pensée unique qu'a la société à son égard.

5. L'interdiction de la publicité.

Cette stratégie présente, à mon avis, les mêmes inconvénients que l'interdiction du produit lui-même. Je suis conscient que, dans les pays ayant opté pour cette mesure, les statistiques semblent confirmer l'effet bénéfique de l'interdiction sur la consommation de tabac. En tant qu'expert-comptable, j'ai une grande expérience des statistiques. Je sais combien elles peuvent se révéler trompeuses, surtout si l'autorité dont elles émanent est à la fois juge et partie, et *a fortiori* si l'autorité en question est étatique ou institutionnelle. L'exemple classique est : « Le taux de croissance du chômage est en chute sur les trois derniers mois. » On vous pardonnera de croire à une bonne nouvelle, en particulier si le ton de l'annonce est empreint d'optimiste. Mais cette phrase signifie, en termes clairs : une hausse du chômage pour le troisième mois consécutif. Pour en revenir aux statistiques sur le tabagisme, en supposant qu'elles soient correctes et présentées sans arrière-pensée, comment peut-on affirmer que la chute de consommation est effectivement liée à l'interdiction de la publicité ? Après tout, la Grande-Bretagne a également connu une chute de la consommation ces dernières années, alors que la publicité y est toujours autorisée. Sans pour autant avancer le moindre début de preuve, ce sont en Grande-Bretagne les organisateurs de la journée sans tabac qui s'attribuent le mérite de cette amélioration.

6. Couper l'approvisionnement.

C'est littéralement *mission impossible*. Les annonces de démantèlement de réseaux de trafiquants de stupéfiants défraient régulièrement la chronique ; la guerre contre les narcotrafiquants serait bientôt gagnée. Pourtant, les chiffres de la consommation ne régressent pas.

N'avons-nous tiré aucune leçon de l'histoire ? L'épisode de la prohibition aux États-Unis a eu le mérite de nous éclairer sur plusieurs points : les lois devraient refléter l'opinion de la société et non aller à leur encontre, sinon elles risquent de se voir bafouées. Mais la grande leçon reste qu'en présence d'une demande soutenue pour un produit, il y aura toujours une offre, qu'elle soit légale ou illégale.

La politique de prohibition de l'alcool n'a résolu aucun problème. Elle a au contraire donné naissance à une nouvelle plaie, le crime organisé. En fait, les réseaux de narcotrafiquants actuels ont probablement hérité leur degré d'organisation de l'expérience des bootleggers. Il est regrettable de constater que même dans le cas de l'héroïne, les autorités attachent plus d'importance à la lutte contre les dealers qu'à la souffrance des toxicomanes.

Avec l'échec cuisant de la prohibition face au fléau de l'alcoolisme, d'autres soi-disant experts soutiennent la thèse simpliste d'un salut dans la légalisation de toutes les formes de toxicomanies. Ont-ils oublié que la fin de la prohibition n'a pas non plus remédié au mal ? Deux produits causent à eux seuls mille fois plus de décès, de misère et de destruction que toutes les autres toxicomanies réunies : ils sont, l'un comme l'autre, licites.

De telles stratégies seraient excusables, si elles avaient aidé à résoudre un tant soit peu le problème, mais toutes ont échoué, que l'on en comprenne ou non les raisons. Il est évidemment impossible de garantir à une seule personne une existence exempte de difficulté et donc *a fortiori* à une population entière. Tant que les gens resteront persuadés que certaines substances ont la faculté de résoudre – ou même seulement d'adoucir – leurs problèmes, on ne pourra jamais les empêcher de prendre des drogues, licites ou non, quel qu'en soit le degré de nocivité et la publicité faite autour. La seule alternative qui nous échoit est d'étendre la solution que je préconise et qui fait ses preuves depuis plus de vingt ans.

Un exercice de déconditionnement massif s'impose afin d'éduquer la société dans son ensemble, non sur les méfaits des toxicomanies, mais sur certains aspects habituellement passés sous silence :

1. les drogues, outre leur incapacité à procurer le bienfait souhaité, ont en fait un effet diamétralement opposé ;

2. nous n'avons pas le moindre besoin de ces produits. Nous sommes déjà parfaitement armés pour résister aux adversités de l'existence et en apprécier les bons moments.

Lorsque nous aurons réussi cet exercice, le problème des toxicomanies ne sera plus qu'un triste vestige du passé. La clé du succès passe par l'éradication de toute attirance pour les drogues. N'importe quel homme d'affaires vous assurera qu'un produit pour lequel la demande s'effondre est voué à disparaître du marché. Il pourra se ruiner en publicité, cela n'y changera rien.

Regardons les faits en face. À ce jour, nous ne parvenons même pas à enrayer la progression de la toxicomanie. Si une seule de ces approches était efficace, les résultats seraient au rendez-vous. Le gouvernement travailliste britannique a récemment suggéré une idée brillante : nommer un « tsar antidrogue ». Le choix de ce nom, en référence au dernier souverain russe déchu, sonne déjà comme un aveu d'échec.

Imaginez-vous la teneur de la discussion au sein du gouvernement ?

« Quel est le prochain grand chantier auquel nous avons promis de nous attaquer ?

– Le problème des drogues est toujours d'une mordante actualité. L'ecstasy a fait de nouvelles victimes chez les jeunes.

– Pourquoi ne fait-on rien à ce sujet ?

– La tâche n'est pas si facile. Tout ce que nous entreprenons ne fait que renforcer le pouvoir des barons de la drogue.

– Voyons… Et si nous nommions des barons antidrogue ?

– Cela semble un peu saugrenu… Combien en faudrait-il ?

– Nommons plutôt un prince ou un roi antidrogue, qui incarnera à lui seul la lutte contre tous les trafics de stupéfiants.

– Un roi, un prince, un duc… certains dignitaires pourraient être froissés.

– J'ai trouvé ! Nommons un tsar antidrogue. Il n'y a plus de tsar, nous n'offenserons personne, et comme il était unique, nous n'aurons qu'à en nommer un.

– Parfait. Voilà une bonne décision. Il suffit de nommer un responsable.

– Maintenant il reste à trouver celui à qui nous confierons cette mission.

– Nous avons des spécialistes de la lutte contre les toxicomanies. Il se trouve bien dans l'administration un haut fonctionnaire qui puisse se targuer d'une expérience concluante dans ce domaine.

– Certes, mais il ferait inévitablement partie de ces experts dont les méthodes ont déjà été mises en pratique et ont déjà prouvé leur cinglante inefficacité ! Alors comment cela résoudrait-il le problème de la drogue ?

– Cela ne le résoudrait pas, mais aurait au moins le mérite de résoudre *notre* problème : s'il échoue, ce sera sa faute, pas la nôtre ; après tout, c'est lui le spécialiste.

Nous ferons alors comme toujours : nous lui confierons une charge honorifique et lui nommerons un successeur. »

Les conservateurs devaient être verts de n'avoir pas eu cette idée simple avant. En fait, ils ont eu une idée semblable. J'ai été, il y a quelques années, contacté par Sir Angus Ogilvy. Lui-même avait été investi par le ministre compétent afin de lancer une concertation auprès des plus grands experts, dans l'objectif louable d'unir leurs efforts dans cette lutte. Lors de sa mission, il fut à maintes occasions aiguillé vers moi. Après la lecture de *La Méthode simple*, il était devenu un fervent défenseur de mes idées. Il m'invita à le rencontrer au palais St. James, où il m'exposa le problème. Ma réponse, d'une simplicité enfantine, fut immédiate : il savait comment récolter des fonds et j'étais de mon côté capable d'apporter le seul véritable remède aux toxicomanies. Il mettrait à ma disposition les moyens dont j'avais besoin pour venir à bout de cette plaie.

Sir Angus doutait de sa capacité à convaincre le ministre de la pertinence d'une solution apparemment si simple. J'avais, pour ma part, la ferme conviction que cela n'aboutirait jamais. Comment la solution pourrait-elle se révéler aussi simple alors que les efforts coordonnés des meilleurs experts avaient jusqu'à présent échoué à seulement freiner l'avancée de la toxicomanie, sans même parler de l'éradiquer ? Peut-être parce que les experts en place n'avaient pas réellement saisi la dimension de la dépendance et abordaient la question du mauvais côté.

L'idée proposée par le parti travailliste aurait pu être excellente, si d'aventure ils m'avaient effectivement désigné pour être ce fameux tsar antidrogue. Ce titre ridicule eût été plutôt handicapant, mais j'ai appris à surmonter de tels obstacles. Il n'y a cependant aucun espoir que cette idée voie jamais le jour : que quelqu'un monte au créneau et, tentant le tout pour le tout, qu'il se donne la peine d'analyser la méthode simple, d'admettre et d'expliquer comment un seul homme peut réussir là où tant d'experts ont échoué. Cela requiert de la volonté, un cran terrible et il est bien plus facile de s'en tenir aux méthodes traditionnelles dont l'inefficacité est éprouvée. On pourra toujours trouver un bouc émissaire.

Vous êtes, j'ai bien peur, confronté au même dilemme, faire votre choix entre les méthodes traditionnelles qui ont prouvé leur impuissance et celle prônée par Allen Carr. Peut-être vous sera-t-il utile face à cette difficulté, de savoir que je ne dois ma notoriété qu'à une et une seule raison :

MA MÉTHODE EST EFFICACE.

18

Ma méthode est efficace

Nous avons exploré en détail de nombreux aspects du tabagisme et des toxicomanies. Mon intention était de vous éclairer sur la réalité de la dépendance et j'espère que ma démarche aura été couronnée de succès. Il s'agit cependant d'un problème vaste et complexe, et peut-être vous sentez-vous quelque peu désorienté. Aussi, je vous propose de refaire un point sur la situation et de rappeler les enjeux, afin d'identifier clairement la démarche la plus appropriée pour atteindre notre objectif.

Ce livre s'attache en premier lieu à PRÉVENIR VOTRE ENFANT DES TOXICOMANIES. En second lieu, dans l'hypothèse malheureuse où votre enfant serait déjà victime d'une dépendance, nous aurons à cœur de L'AIDER À S'EN DÉFAIRE.

Intéressons-nous dans un premier temps aux ingrédients essentiels requis pour atteindre ces objectifs.

1. La communication

L'instauration d'une bonne communication est une entreprise délicate. On m'a toujours accordé un talent de grand communicateur ; pourtant, j'éprouve aujourd'hui encore certaines difficultés à communiquer avec mes propres enfants, qui sont par ailleurs maintenant adultes et parents à leur tour. Cette difficulté trouve peut-être sa source à l'époque où je m'évertuais à les sensibiliser aux dangers de la route, terrifié que j'étais à l'idée qu'ils puissent être renversés par une voiture. Je sentais bien que le message passait mal : mon approche maladroite, mon inclination à éviter le problème en leur interdisant autoritairement de s'approcher de toute voie de circulation, leur avait inculqué une peur panique de la route, bien pire que la mienne. En soi, cette démarche avait effectivement réglé ce problème et d'autres préoccupations similaires, mais je soupçonne qu'elle a aidé à instaurer et pérenniser un problème tangible de communication.

Déployez donc tous les efforts possibles pour surmonter le fossé des générations, faire preuve d'empathie et instaurer un climat de confiance ; mais si vous sentez que le message ne passera pas, sollicitez plutôt l'aide d'un proche bienveillant, quelqu'un en qui votre enfant a confiance et respect. Et si cela n'aboutit toujours pas, vous avez toujours la possibilité de l'envoyer dans un de nos centres antitabac.

Ne lui donnez pas de leçon et ne le traitez pas avec condescendance. Soyez par-dessus tout profondément honnête, ne cherchant ni à minimiser, ni à exagérer les faits. Discutez du sujet comme vous le feriez avec un adulte. Cela dit, évitez tout de même ce penchant pompeux qu'ont certains à utiliser un vocabulaire précieux là où des mots simples feraient l'affaire. Il y a même, à mon avis, encore plus agaçant : celui qui s'évertue à utiliser un vocabulaire recherché, et qui, préjugeant de votre ignorance, se permet de vous en expliquer ensuite le sens, sans y être invité.

Vous lui en voulez, même si effectivement ce mot vous était inconnu. Qu'il vous ait évité l'embarras de devoir admettre votre ignorance ne lui vaudra pas votre estime, parce que de toute façon vous n'aviez aucune intention d'en faire cas. Vous étiez seulement sur le point de bluffer, de faire semblant d'avoir compris, en espérant qu'il poursuivrait. Vous ne lui êtes pas reconnaissant non plus de vous avoir épargné le besoin de bluffer. Simplement, vous ne pouvez vous empêcher de lui reprocher : « Si tu savais que je connaîtrais pas ce mot, pourquoi as-tu donc pris la peine de l'employer ? »

L'anecdote qui suit, que l'on doit à un étudiant en biologie, illustre parfaitement mon propos, avec pertinence et humour. Celui-ci demandait à son professeur :

« Est-il vrai que les mouches décollent à reculons ?

– Les mouches prennent leur envol selon une certaine direction, géométriquement opposée à la direction de vol qu'elles affichaient immédiatement avant d'atterrir, sous réserve qu'elles n'en aient pas changé étant posées. »

Interloquée, la classe fut, on le conçoit sans peine, plongée dans un silence prolongé, pendant lequel l'auteur de la question et ses camarades étudiants essayèrent de digérer la réponse du professeur. L'étudiant rompit le silence par une nouvelle question :

« Monsieur, serait-il possible que le mot que vous sembliez chercher désespérément fût : oui ? »

Vous conviendrez peut-être que mes digressions nous ont trop éloignés du sujet ? Pas du tout. Savoir communiquer est une vraie compétence. Vous ne pourrez instaurer une réelle communication avec une autre personne que si vous parlez son langage ou si elle comprend le vôtre. L'utilisation d'un vocabulaire élaboré n'impressionne pas ceux qui le maîtrisent avec aisance. Cela pourrait en revanche impressionner des personnes qui ne le comprennent pas, au risque de les mettre mal à l'aise ou de les vexer. Cela n'est pas par conséquent un vecteur favorable à une bonne communication ; il est même évident qu'en choisissant un vocabulaire au-dessus des capacités du destinataire, l'auteur du message ne fait pas preuve d'une grande subtilité.

Lors des premières sessions de groupe dans mes centres de thérapie, je me suis vite aperçu que si je concentrais mon attention sur une personne en particulier, je pouvais être sûr que cette personne serait la moins réceptive à mes propos. Il serait pourtant logique de penser le contraire : si je m'adresse plus directement à une personne, ce sera au détriment des autres membres du groupe.

Vous avez certainement remarqué la pratique répandue lors des « quiz » télévisés de débuter l'épreuve par des questions d'une facilité déconcertante : ceci a pour unique dessein de mettre le candidat à son aise. Tous les autres candidats connaissent la réponse. Le studio entier connaît la réponse. Tous les téléspectateurs entre quatre et quatre-vingt-dix-neuf ans connaissent la réponse. La seule personne au monde qui semble l'ignorer est justement le candidat interrogé. Qu'il soit professeur d'université ne change rien à l'affaire.

Ce phénomène est très courant : ce trou magistral qui vous ôte tous vos moyens, lorsque vous êtes sous le feu des projecteurs, seul face à la caméra. Ainsi, pour aborder la question du tabagisme ou des toxicomanies avec votre enfant, il est judicieux d'éviter de diriger vos remarques directement à son encontre. Sinon, il pourrait avoir l'impression d'être enfermé dans le box des accusés, face au procureur, et adopterait une attitude défensive. Il est bien plus habile d'adresser évasivement vos commentaires aux adolescents, aux jeunes, aux fumeurs et aux toxicomanes en général. Cela se révèle d'autant plus primordial si vous suspectez votre enfant d'être déjà fumeur, ou de simplement fricoter avec la cigarette.

Votre enfant se retrouve dans une situation analogue à celle du candidat auquel on demande : « Quel roi français appelait-on le roi Soleil ? » Cette technique, consistant à éviter d'exposer directement votre enfant au feu des projecteurs, c'est-à-dire de ne pas le mettre au centre de la discussion comme un présumé coupable, permettra d'approcher avec lui le sujet du tabagisme en douceur.

On peut également faire appel à une autre technique d'information éprouvée, en particulier à l'attention d'un destinataire peu réceptif : elle consiste à déguiser une simple affirmation en une question dont vous feindriez ignorer la réponse. Cela incitera votre enfant à s'impliquer et entamer une réelle démarche de réflexion.

Prenons un exemple qui mette ces techniques en situation. Supposez que vous venez de découvrir que l'un de vos enfants a déjà commencé à fumer. Vous êtes en proie à un bouillon d'émotions. Tout d'abord, la colère : il a ignoré vos avertissements et vous a trompé. Vous êtes également submergé par la déception, peut-être effrayé qu'il puisse déjà être esclave à la nicotine. Un sentiment de culpabilité pointe enfin, car vos efforts n'étaient peut-être pas à la hauteur de l'enjeu, surtout si vous avez été ou êtes encore fumeur.

Pour qu'il saisisse les mécanismes du tabagisme, il convient d'effacer de son esprit une des méprises fondamentales propres au tabagisme : contrairement à l'idée reçue, comme n'importe quel fumeur, qu'il soit jeune ou vieux, occasionnel ou invétéré, votre enfant ne fume pas par choix. Vous seriez peut-être tenté d'aborder le sujet en lui annonçant de but en blanc :

« Il faut que je t'informe que, contrairement à ce que tu peux penser, tu n'as en fait pas choisi de fumer cette cigarette. »

Si cette affirmation est proférée sur un ton qui reflète un tant soit peu ce bouillon d'émotions qui vous anime – la colère, la trahison, la déception, la peur et la culpabilité –, vous venez d'anéantir tout espoir de communication. Votre enfant se sent pris la main dans le sac et par réflexe d'autodéfense se réfugiera dans sa carapace et restera hermétique à vos paroles. Et même s'il daigne y prêter attention, vos propos, malgré leur véracité, lui sembleront complètement incohérents : « Quelle idée ! Bien sûr j'ai choisi de fumer, personne ne m'y a contraint. »

Dans la mesure du possible, il reste préférable de feindre l'ignorance au sujet de son éventuel tabagisme. Avant même d'engager la conversation, efforcez-vous de vous remettre de vos émotions, car elles sont contre-productives. Il n'y a pas de crime ; en fait les seuls criminels dans l'affaire sont cette plante insidieuse et sa complice, la société avec sa pensée unique, qui n'a pas su porter à la connaissance de tous la vérité sur le tabagisme et les toxicomanies. Trouvez le bon moment et abordez le sujet en questionnant votre enfant : « Crois-tu que les gens fument parce qu'ils l'ont choisi ? »

Cela permet de lancer, sur le thème des fumeurs et du tabac de manière générale, une conversation à la fois plaisante et intéressante et fournit à votre enfant une latitude idéale pour s'immiscer dans la discussion sans ressentir de contrainte ou de reproche. Peu importe la tournure que prendra ensuite la conversation, cette entrée en matière vous laissera une marge de manœuvre confortable pour aligner les arguments développés dans les premières pages du chapitre 3.

2. Éviter les traitements de choc

Les méfaits du tabagisme sont si manifestes, qu'on pourrait céder à la tentation de s'en remettre au seul bon sens de nos enfants, en espérant qu'il suffirait à les prémunir de la cigarette ou à les inciter à s'en défaire, s'ils sont déjà fumeurs.

Imaginez qu'un médecin, en visite dans un camp de prisonniers, leur déclare : « Les chambres sont trop humides ici et il y fait trop froid. Vous risquez une pneumonie et ne mangez pas assez. Vos familles s'inquiètent à votre sujet. Allez, soyez raisonnables et rentrez chez vous. » Un tel discours serait délirant. Les prisonniers n'ont pas besoin d'un donneur de leçons qui leur entonne ce qu'ils savent déjà, mais de quelqu'un qui leur apporte un moyen de s'évader de la prison.

Le parallèle avec la nicotine et avec les diverses formes de toxicomanies ne saute pas aux yeux de prime abord, pourtant les situations sont exactement identiques. Leur ressemblance paraît cependant lointaine, dans la mesure où les barbelés, les murs d'enceinte et les gardiens armés sont autant de signes concrets de l'emprisonnement. Avec les toxicomanies, l'emprisonnement n'a pas de manifestation palpable. Alors qu'est-ce qui empêche les fumeurs de s'évader si l'on parvient à les persuader de leur erreur ?

Ils sont dans une vraie prison : même si elle est immatérielle, l'addiction est en elle-même une prison : C'EST UN FAIT QUE JE VOUS DEMANDE D'ACCEPTER UNE FOIS POUR TOUTES !

Si les conseils émanant du médecin pouvaient sembler aberrants et naïfs, que dire des mêmes conseils prodigués à l'intention de quelqu'un qui n'aurait jamais mis les pieds dans un camp de prisonniers, et n'afficherait aucune intention d'y aller un jour ? Si vos enfants ne fument pas, vous feriez preuve de la même naïveté si vous pensez qu'il suffit de leur rabâcher ce qu'ils savent déjà (les méfaits du tabagisme et des toxicomanies), pour leur permettre de déjouer ces pièges. Vous les mettez en garde contre un danger qui dans leur esprit n'existe pas. C'est comme si vous leur expliquiez comment réagir en cas de morsure du *ooulong bothi*, ce serpent des provinces au sud-est de Sumatra, alors qu'ils n'ont aucune intention de se rendre dans ce pays, sans même parler de la faible probabilité de se faire mordre par un serpent, quel qu'il soit.

Je vous accorde que, lorsqu'on ne connaît rien des subtilités du piège des toxicomanies, il semble logique de s'en tenir à prévenir ses enfants des dangers encourus. Mais si cet avertissement se révélait efficace, on ne compterait plus, aujourd'hui encore, ces centaines de milliers d'enfants qui chaque année continuent à se faire avoir :

ACCEPTEZ CE FAIT ÉLÉMENTAIRE !

Acceptez également que les raisons pour lesquelles on devient et on reste fumeur ou toxicomane résident dans la toute-puissance des bénéfices pourtant illusoires, face auxquels les risques et inconvénients sont occultés.

Si vos enfants sont déjà accros, le traitement de choc ne se montrera pas plus efficace, parce qu'ils n'ont pas conscience de leur dépendance. Ils pensent être maîtres de la situation. Ils s'imaginent plutôt dans un camp de vacances, certainement pas dans une prison. Si le traitement de choc ne fait pas décrocher des fumeurs invétérés qui ont déjà payé physiquement, par la perte d'un membre, par des pontages multiples on un emphysème, comment pourrions-nous attendre qu'il ait prise sur des fumeurs qui, loin d'avoir atteint ce stade, sont persuadés ne jamais y parvenir ?

N'oubliez pas que des jeunes déjà dépendants sont à plusieurs titres désavantagés par rapport aux autres. Ils sont persuadés que la cigarette ou la drogue fournit un réel réconfort et un réel plaisir. Ils sont également intimement persuadés qu'ils ont besoin de tels produits pour les soutenir et les stimuler. Enfin, ils sont à la merci d'un saboteur malfaisant, le *petit monstre* de nicotine à l'insatiable appétit.

Il faut concentrer nos efforts à éradiquer les raisons qui amènent nos jeunes à se précipiter dans le panneau. La première étape consiste à expliquer l'ingéniosité des mécanismes de ce piège.

3. L'ingéniosité du piège

Si la mouche possédait ne serait-ce qu'un fragment de l'intelligence humaine et que vous ayez le don de communiquer avec elle, vous estimeriez-vous capable de lui apprendre à déjouer le piège de la plante carnivore ? Il y a fort à parier que oui. Alors, si nous sommes capables de communiquer avec nos enfants, qui ne manquent certainement pas d'intelligence, nous devrions n'avoir aucun mal à leur expliquer le piège de la nicotine. Quelques obstacles élémentaires nous barrent cependant le chemin : d'abord, pourquoi nos enfants témoigneraient-ils du moindre intérêt à l'égard de ce sujet ? S'ils sont déjà dépendants, ils ne s'en rendent pas compte et auront bien au contraire de solides raisons de ne pas chercher à en savoir plus, comme cela a été évoqué précédemment. Inversement, s'ils ont su jusqu'à présent éviter le tabac, ils se croiront définitivement à l'abri et il vous sera d'autant plus difficile de susciter leur intérêt.

Je vous ai déjà fait part d'une suggestion quant à

la manière d'aborder ce problème avec eux. On peut poursuivre avec une autre question : « Les méfaits du tabagisme sont flagrants, aux yeux de tous, comme à ceux de n'importe quel fumeur. Peux-tu m'expliquer pourquoi tant de personnes se mettent à fumer, et pourquoi tant d'autres continuent alors qu'elles n'en retirent rien et ne peuvent ignorer tout le mal que cela leur fait ? » Et enchaîner enfin avec une dernière question : « Arrives-tu à comprendre que des fumeurs puissent préférer perdre leurs jambes plutôt que de renoncer à la cigarette, alors qu'ils savent pertinemment qu'un arrêt immédiat pourrait les leur préserver ? »

« Attendez une seconde, c'est justement un traitement de choc. Vous venez avec insistance de proscrire l'usage de ce genre de méthode », objecterez-vous. Pas du tout. Le traitement de choc consisterait à sermonner vos enfants : « Avec le tabac, vous prenez le risque d'y laisser vos jambes. » Ici, il ne s'agit pas d'une telle mise en garde. Je me contente de les inviter à observer les autres. Je ne cherche point à les traumatiser mais à leur ouvrir les yeux. Pour l'instant, vous devez seulement vous contenter d'éveiller leur curiosité au sujet des ingénieux mécanismes de ce piège, même si cela se révèle aussi un moyen subtil de leur ouvrir l'esprit sur les horreurs du tabagisme.

Supposons maintenant que vous ayez franchi avec succès la première étape, les intéresser au sujet ; L'étape suivante consiste à leur expliquer les mécanismes du piège. Ceci pourrait sembler très simple, mais il n'en est rien. Le jour où j'ai découvert la clé pour se libérer du tabac, j'étais persuadé, dans un élan d'optimisme, que cinq minutes à peine me suffiraient pour libérer chaque fumeur : j'aurais simplement besoin de l'informer que l'unique raison qui pousse tout fumeur à allumer une cigarette n'est pas le plaisir ou le soutien qu'elle procure, mais le besoin d'apaiser le sentiment de vide et d'insécurité créé par la cigarette précédente. Je n'avais pas alors pris conscience qu'avant de pouvoir en arriver là, il me fallait d'abord les déconditionner : réfuter méthodiquement toutes les idées reçues à propos des prétendues vertus du tabagisme, dont ils ont été bombardés depuis leur naissance. Il me fallait en particulier leur expliquer pourquoi le tabac ne soulage pas du stress, n'évacue pas l'ennui, et n'aide pas à se relaxer ou se concentrer, et pourquoi, au contraire, il a l'effet inverse et ne présente en fin de compte aucun bénéfice.

Votre première tâche est de sensibiliser votre enfant à la subtilité des mécanismes de la dépendance, mais également de démythifier avec lui l'ensemble des idées reçues sur le tabagisme et les toxicomanies, véhiculées dans cet âge prétendument éclairé par les médias, et plus généralement profondément enracinées dans notre société. Ces mythes – erronés – sont répertoriés en appendice. Si vous n'êtes pas persuadé du caractère foncièrement illusoire d'un seul de ces mythes, je vous suggère la lecture de mon premier ouvrage, *La Méthode simple pour en finir avec la cigarette*.

Une fois que votre enfant sera à son tour intimement convaincu de l'inutilité des drogues, le plus difficile restera peut être de le persuader qu'il n'a besoin d'aucun produit stimulant, et que la nature l'a doté des ingrédients nécessaires pour croquer la vie à pleines dents et surmonter le stress et les vissicitudes de l'existence.

4. La fabuleuse machine

Comme je vous y invitais, évitez de minimiser ou d'exagérer les problèmes de vos enfants. Parmi les mythes qu'il faut balayer, figure en bonne place celui selon lequel se défaire de la dépendance serait une épreuve titanesque pour les fumeurs de longue date et les grands fumeurs, et serait facile pour les nouveaux fumeurs et les fumeurs occasionnels. Comme souvent à propos du tabagisme, la réalité est à l'opposé de ce qui est communément admis. L'unique raison qui pousse chaque fumeur à allumer une cigarette est de tenter d'apaiser le sentiment de vide et d'insécurité créé par la première cigarette et entretenu par les suivantes. Cette sensation de vide et d'insécurité s'articule autour de deux composantes. La première, physiologique, s'apparente à une faim ; presque imperceptible, elle se manifeste par la sensation : « J'ai envie d'une cigarette. » Sous réserve que l'on puisse effectivement en allumer une, cette sensation n'occasionne aucune gêne particulière. La seconde composante se rapproche également de l'idée de privation de nourriture. Lorsque la faim nous tiraille et que nous satisfaisons ce besoin naturel, l'expérience est – souvent – très agréable. Mais si nous sommes privés de nourriture, nous souffrons physiquement. Par souffrance physique, je ne fais pas allusion aux gargouillements de l'estomac, mais au fait que, gagnés par la frustration, nous devenons irritables.

Il en est de même pour le tabagisme. Lorsque nous jugeons avoir besoin d'une cigarette mais en sommes privés, nous nous sentons frustrés et malheureux. Avec la faim, plus long sera le jeûne, plus le repas qui satisfera cette faim sera agréable. Avec la nicotine, plus longue est l'abstinence, plus dure est la souffrance et meilleur est le soulagement lorsque l'on peut enfin satisfaire, partiellement, ce besoin.

Inéluctablement, les cigarettes clôturant de longues périodes d'abstinence sont considérées comme les *meilleures* :

– à la fin d'un repas ;

– la première de la journée ;

– après avoir fait l'amour ;
– après un exercice physique.

Il importe peu que cette abstinence ait été imposée au fumeur ou qu'il en ait fait le choix délibéré. Comme je l'affirmais dans le paragraphe précédent, chaque cigarette que l'on allume vise à apaiser le malaise créé et entretenu par la nicotine.

Cette similarité avec la sensation de faim induit le fumeur ou le toxicomane en erreur. Les deux faims sont pourtant aux antipodes l'une de l'autre. La faim est un mécanisme de survie ; se nourrir est réellement agréable et un repas suffit pleinement à faire disparaître la sensation de faim. Certes, cela n'est que provisoire, mais tant mieux car on peut ainsi apprécier trois repas par jour, pour notre entière existence.

En revanche, les drogues sont des poisons qui finissent par nous détruire : nous sommes contraints d'inhaler des fumées nauséabondes afin de tenter de soulager cette faim de nicotine. Cela n'a rien d'une partie de plaisir. Si seulement le soulagement était efficace ; mais force est de constater que le sentiment de vide et d'insécurité qui nous incite à fumer n'est que partiellement effacé. La première cigarette a créé ce sentiment, et chaque cigarette qui suit ne fait qu'en assurer le renouvellement perpétuel.

Si vos enfants sont déjà sujets à une toxicomanie, votre rôle sera de leur faire comprendre qu'ils en sont au même stade que la mouche qui butine la plante carnivore. Ne mentez pas. Expliquez-leur qu'ils vont devoir faire preuve d'intelligence pour prendre la véritable mesure de la situation dans laquelle ils sont.

Les fumeurs et autres toxicomanes font l'erreur de croire qu'ils ne prennent leur cigarette ou leur drogue que par habitude. Ils tiennent le raisonnement suivant : « À un moment donné, j'avais la situation en main :

j'en prenais uniquement lorsque bon me semblait. Il semble que je me sois maintenant habitué à en prendre plus régulièrement. Si je parviens d'abord à me limiter ou même à n'y recourir qu'exceptionnellement, mon organisme finira par se plier à ce nouveau rythme et j'aurai le plaisir de rester maître de ma consommation et même de réduire encore plus. »

Il ne s'agit pas en réalité d'une habitude mais bien d'une dépendance. L'*usager* n'a jamais été maître de la situation. Que, dans la période d'apprentissage, nous ne manifestions ni envie ni besoin d'absorber de grandes quantités du produit relève exactement du processus du piège. Au contraire, nous devons alors nous forcer pour inhaler la fumée ou prendre chaque dose de drogue.

La nature des toxicomanies veut également que l'organisme, à mesure qu'il s'accoutume, réclame des quantités toujours croissantes et certainement pas l'inverse. Si vous souffrez d'une démangeaison permanente, la propension naturelle est de la gratter tout le temps. Je considérais mon inclination à fumer cigarette sur cigarette comme une sorte de faiblesse. Que mes amis puissent réguler leur consommation à 10 ou 20 cigarettes par jour restait pour moi un profond mystère. Je savais pourtant que j'avais plus de volonté qu'eux. L'explication ne m'est venue à l'esprit que bien plus tard : les fumeurs tendent naturellement à fumer à la chaîne, mais s'accommodent finalement d'une sorte de demi-mesure, déchirés entre l'appel du tabac et le spectre des méfaits du tabagisme.

Fumer à la chaîne n'est pas à la portée de tout le monde ; il faut déjà disposer de poumons solides. Parmi ces fumeurs qui stagnent à cinq cigarettes par jour, beaucoup ne supportent effectivement pas plus de cinq cigarettes sans éprouver de nausées. Certains se limitent en fonction de leur budget. D'autres subissent le coup d'interdictions édictées au travail ou à la maison. D'autres encore ont tellement honte de fumer qu'ils se refrènent dans leur voiture, devant leurs enfants, à l'extérieur…

Vous avez le devoir d'expliquer à vos enfants que toute toxicomanie est une démangeaison continuelle, déclenchée par la première dose (ou première cigarette), et que chaque nouvelle dose ne parvient pas à soulager pleinement. Cette démangeaison ne prendra fin que si l'engrenage est rompu, ce qui n'arrivera qu'après l'ultime dose.

Ne vous ingéniez pas à minimiser les traumatismes que doivent endurer vos enfants. Compatissez et reconnaissez la difficulté de leur quotidien. En même temps, encouragez-les à réaliser qu'ils sont parfaitement armés pour faire face à la situation, et mieux, à relever le défi. Aidez-les à comprendre que les drogues ne font qu'aggraver leurs problèmes, mais qu'ils ont la chance d'avoir en eux une incroyable machine.

5. L'influence des autres fumeurs

L'influence des autres fumeurs peut se révéler déterminante et faire basculer la décision : l'adolescent essaie sa première cigarette, même s'il se rend compte qu'il commet une erreur. Peut-être cette influence viendra-t-elle de la dernière star du cinéma ou de la chanson. Cela peut aussi être un camarade de classe, sa petite amie – ou son petit ami – en date. Vous devez aider votre enfant à réaliser que la personne qui l'influence ne fume pas parce qu'elle l'a choisi.

Montrez-vous particulièrement sceptique face aux fumeurs ou toxicomanes *dilettantes* ou *occasionnels*. Gardez à l'esprit les arguments développés au début du chapitre 3 : le principe s'applique à toutes les formes de toxicomanies, pas seulement au tabagisme. Les fumeurs occasionnels s'efforcent de donner l'impression qu'ils sont maîtres de leur consommation et peuvent décider à tout moment de renoncer. Souvenez-vous que tous les usagers de drogues se sentent stupides. Ils reconnaissent instinctivement qu'ils n'avaient aucun besoin de la drogue avant de commencer et ne s'expliquent pas pourquoi ils se sentent obligés d'y recourir en certaines occasions, même si elles sont au début très rares. C'est pourquoi la toxicomanie conduit toujours à des mensonges. Habituellement, ces mensonges n'ont pas vocation à vous entraîner aussi dans le piège, mais tentent de camoufler un sentiment de stupidité. L'affirmation si souvent rabâchée : « Je peux passer une semaine entière sans une cigarette » en est un exemple classique. Les fumeurs invétérés tendent à envier de telles personnes. Certains non-fumeurs pourraient alors se laisser tenter par cette première cigarette, s'estimant à l'abri de la dépendance. Mais revenons sur cette affirmation. Si je vous dis : « Je peux passer une semaine entière sans une carotte », le message que je souhaite faire passer en fait est-il : « Je n'ai aucun problème avec les carottes » ? Si c'est effectivement le cas, pourquoi me risquerais-je même à évoquer le sujet ? Les véritables non-fumeurs ne se vantent pas de n'éprouver aucun besoin de fumer. Ce qui les intrigue, c'est justement de comprendre comment la cigarette peut susciter un tel engouement. Paradoxalement, les fumeurs rencontrent le même problème. Ainsi, je ne me risquerais à une telle déclaration que si j'avais réellement un problème avec les carottes. Si les fumeurs occasionnels sont vraiment capables de passer une semaine sans cigarette, pourquoi fument-ils ensuite ? Inversement, si fumer une cigarette ou prendre une drogue est un vrai plaisir, pourquoi vous en priver une semaine complète ? Si cela n'est pas un plaisir, alors pourquoi fumer après ?

Lorsque j'étais accro de golf, j'avais coutume de pavoiser en soulignant la fréquence à laquelle je pratiquais ; j'aurais même adoré pouvoir jouer plus souvent. Par quel mystère les toxicomanes, fumeurs ou autres, s'enorgueillissent toujours de la faiblesse de leur consommation ? Cela ne vous semble-t-il pas paradoxal ?

N'oubliez pas, la toxicomanie pousse au mensonge, et les toxicomanes dissimulent leur réelle consommation.

6. La réaction en chaîne

Quelle que soit la forme de toxicomanie en jeu, efforcez-vous de la dépeindre à votre enfant sous son vrai visage : ce n'est pas le plaisir d'une cigarette occasionnelle, mais un cercle vicieux continuel, où l'organisme reçoit sa dose de nicotine, puis se laisse gagner par ce sentiment de vide et d'insécurité lorsqu'elle s'évacue, qui ne sera apaisé qu'à la cigarette suivante. Ce processus, si progressif, est d'abord imperceptible. Cependant, l'accoutumance de l'organisme à la drogue va au fil du temps accroître le besoin et la consommation.

Je vous invite à passer maintenant à la

CONCLUSION.

19
Conclusion

Je mis au jour en 1983 les ressorts fondamentaux du tabagisme. J'ai cru que cette découverte permettrait, en quelques années, de rayer ce fléau de la surface de la terre. Je rassemblai ces considérations dans un ouvrage, publié en Grande-Bretagne en 1985 :

The Easy Way To Stop Smoking[1].

Le succès de ce livre s'envola au-delà de mes espérances les plus folles. Traduit en plus de vingt-cinq langues depuis sa première parution aux éditions Penguin, il figure chaque année parmi les best-sellers en Grande-Bretagne et a même connu un véritable triomphe dans d'autres pays.

Je reçois chaque semaine des dizaines de lettres des quatre coins du monde, où l'on me remercie des perspectives offertes par ma méthode. Toutefois, aussi étrange que cela puisse paraître, la société se montre tout aussi ignorante des faits révélés dans ce livre qu'elle ne l'était avant sa sortie.

1. La traduction française, *La Méthode simple pour en finir avec la cigarette*, a été publiée en 1997. (*N.d.T.*)

En conclusion de cet ouvrage, je faisais part de mon optimisme : « Un vent de changement souffle sur la société. Une boule de neige s'est formée : puisse-t-elle, grâce à ce livre, se muer en avalanche ! Vous pouvez y contribuer en transmettant le message. »

Malgré le succès rencontré par le livre, ma prophétie ne s'est pas réalisée. En 1994, je fis paraître un autre ouvrage : *The Only Way to Stop Smoking Permanently*[1]. J'y faisais part de mon amère déception face à l'absence d'écho que mes révélations rencontraient auprès de la société, ignorante des réalités du tabagisme, et dont la diffusion contribuerait pourtant à éradiquer cette plaie. J'y affichais également ma cruelle désillusion de voir que nos efforts réunis n'étaient qu'une goutte d'eau dans l'océan.

Quelques années de plus se sont écoulées et le constat reste identique. Je suis ravi du courrier que je reçois de lecteurs reconnaissants ; il m'est d'une grande inspiration. Mais j'approche maintenant les soixante-trois ans et je chéris l'ambition de voir le tabagisme subir la même fin que le tabac à priser, il y a cent ans. Si je vis assez longtemps pour voir ce rêve se réaliser enfin, je quitterai cette terre comblé. Il n'est pas nécessaire de m'écrire pour me témoigner votre reconnaissance, vos encouragements et me proposer votre aide. Il va de soi que j'ai besoin de votre aide, car je ne pourrai réussir seul à venir à bout de cette plaie. Je sais par ailleurs exactement en quoi votre aide me serait précieuse : j'ai rappelé en appendice les ressorts fondamentaux du tabagisme, auxquels l'essentiel de la société reste aveugle, et les mythes qu'elle leur substitue. J'ai en premier lieu besoin que vous y sensibilisiez vos enfants, afin qu'ils évitent le piège. Mais

1. *La Seule Méthode pour en finir définitivement avec la cigarette.* (*N.d.T.*)

je souhaite également que vous me fassiez part de vos réactions : j'ai besoin de savoir quel succès vous avez rencontré, les éléments qui se sont révélés les plus déterminants, et les critiques que vous pourriez m'adresser. En outre, n'hésitez pas à solliciter mon aide si vous en ressentez le besoin.

Votre soutien me serait d'une utilité vitale, si, une fois vos enfants convaincus des réalités répertoriées dans l'appendice, vous vous attachiez à répandre le message au sein de la société en général de la façon qui vous conviendra. Attaquons-nous aux piliers du tabagisme : une fois que notre société aura pris conscience que le soutien ou le plaisir des drogues n'est qu'illusoire, que l'effet réel est à l'opposé des attentes et que l'espèce humaine dispose en elle des ressources nécessaires pour apprécier la vie et en affronter les difficultés, ce mal qui mine notre civilisation s'écroulera comme le tabac à priser au siècle dernier.

Ce n'était qu'une autre forme de dépendance à la nicotine, qui fut en son temps considérée comme une pratique sociale parfaitement convenable. Comme nous avions de superbes briquets et autres étuis à cigarettes en argent, les adeptes du tabac à priser possédaient des tabatières raffinées. Vous souvenez-vous de la dernière fois où vous avez vu quelqu'un sortir un joli étui à cigarettes ? Avec la mise au ban du tabagisme, les beaux briquets et autres élégants accessoires sont relégués au rang de vestiges du passé. De nos jours, tout est jetable.

Croyez-vous réellement que les priseurs de tabac sniffaient leur poudre de tabac séché simplement pour satisfaire leur passion de *sniffer* de la poudre ? Si tel est le cas, alors peut-être présumez-vous que les cocaïnomanes sniffent non pour satisfaire leur besoin de cocaïne mais parce que eux aussi adorent *sniffer* ?

Croyez-vous que les héroïnomanes adorent, quant à eux, les piqûres ? Ou leur seul dessein n'est-il pas de soulager les angoisses provoquées par le manque d'héroïne ?

Croyez-vous que les fumeurs se réjouissent sincèrement d'inhaler cette fumée infecte et nocive ou bien pensez-vous qu'il existe une justification plus rationnelle à cette pratique, satisfaire leur dépendance à la nicotine ?

J'espère profondément que ce livre vous apportera la matière pour prémunir vos enfants du tabagisme et des autres toxicomanies, et les aider à s'en défaire facilement si d'aventure ils en faisaient déjà usage.

Appendice

Les idées fausses sur le tabagisme et les toxicomanies

1. Le corps humain reste inachevé. Il a besoin du secours de drogues et de cachets pour être en mesure d'apprécier la vie et supporter le stress ; certains types de personnalités sont prédisposés aux toxicomanies.

C'est faux. Ce sont les drogues, pas la personnalité, qui créent la dépendance. Aucune personne saine n'éprouve le besoin de recourir à une drogue avant d'y avoir goûté, et n'en aura aucun besoin une fois qu'auront été balayés la confusion et le lavage de cerveau dont elle a été victime. Chaque fumeur sur cette terre déteste l'idée que son enfant puisse devenir accro au tabac, ce qui signifie que tous regrettent d'être devenus fumeurs.

2. On fume parce qu'on en a pris la décision ; Les fumeurs retirent du tabac un plaisir, un réconfort ou un autre bénéfice.

Non, on choisit effectivement de goûter sa première cigarette, à titre expérimental, mais on ne poursuit l'apprentissage que dupé par l'illusion de retirer du tabac un véritable soutien ou un plaisir (cela s'applique aussi aux autres formes de toxicomanie).

3. Le tabagisme et les autres formes de toxicomanie ne sont que des habitudes ; les usagers occasionnels maîtrisent leur consommation et y prennent plaisir.

Il s'agit d'une autre terrible confusion. Le caractère d'habitude résulte du phénomène de dépendance et non l'inverse. Les usagers occasionnels sont victimes d'une addiction plus profonde que les usagers invétérés, car ils n'ont pas conscience de leur dépendance. Ils se retrouvent dans la situation de la mouche butinant la plante carnivore ; à la différence près que les drogues n'ont rien d'un nectar, ni d'une nourriture, mais sont un véritable POISON !

4. Diminuer sa consommation aide à s'arrêter.

L'effet est exactement l'inverse. Nous avons expliqué que le fumeur allume sa cigarette dans l'unique but de soulager la tension, perpétuée par les cigarettes précédentes, liée au besoin de nicotine. Comme pour la sensation de faim, le soulagement est d'autant plus intense que l'attente s'est prolongée. Ainsi, accroître la durée d'abstinence revient à renforcer l'illusion du plaisir et donc sublimer le pouvoir de la cigarette. Si les doses de nicotine absorbées ne suffisent pas à assouvir le manque, tout désir d'arrêter s'en trouvera affaibli.

5. Les substituts favorisent l'arrêt.

Au contraire, les substituts (chewing-gums, patchs, etc.) ne font que renforcer le mythe qui vous a attiré dans le piège, selon lequel le corps humain est inachevé et a besoin du secours de certaines substances. Si le produit de substitution recèle la même drogue dont vous souhaitez casser l'addiction, ce palliatif entretient à la fois votre dépendance mentale et votre dépendance physique.

6. Le tabac vous aide à perdre du poids.

Il s'agit d'un mythe de plus. Beaucoup de fumeurs invétérés sont également atteints d'obésité. La prise de poids qui peut accompagner une tentative de sevrage du tabac résulte de la sensation physique de manque, qui tiraille l'organisme les premiers jours. Comme cette sensation est comparable à la faim, on a tendance à combler le manque de nicotine par un excès alimentaire. L'un ne pouvant satisfaire le besoin de l'autre, la prise de poids n'a même pas le mérite de soulager le sentiment de vide et d'insécurité. Il faut garder à l'esprit que ce désagrément lors du sevrage tabagique est inhérent à la dépendance et non à une déficience de l'organisme. Ce sentiment est inconnu des non-fumeurs.

7. Le sevrage s'accompagne d'un trauma physique.

Non. Même avec l'héroïne, le problème du manque reste essentiellement mental. Le trauma du sevrage s'alimente de la croyance qu'en renonçant à la drogue on se prive d'un véritable soutien ou d'un réel plaisir. Les vrais symptômes physiques du manque de nicotine sont presque imperceptibles : ils s'apparentent à une envie confuse de s'occuper les mains, que l'on interprète généralement par : « J'ai envie d'une cigarette. »

8. Le rituel de la cigarette est un plaisir en soi.

Les fumeurs souscrivent à l'idée d'un plaisir intrinsèque au rituel de la cigarette, plaisir qui serait assombri par les regrettables à-côtés notamment sur le plan de la santé, de l'hygiène, des finances et de l'état d'esclavage. C'est un mythe : le rituel de la cigarette apparaît plaisant uniquement parce que c'est le passage obligé auquel les fumeurs doivent sacrifier afin de se procurer la nicotine. Si vous restez convaincu que le plaisir réside dans le rituel lui-même, alors vous n'aurez aucune peine à admettre qu'il ne perdrait rien si vous portiez la cigarette allumée à l'oreille plutôt qu'à la bouche. Vous devriez également admettre sans peine l'idée que les priseurs de tabac sniffent parce qu'ils prennent plaisir à se remplir les narines de poudre, et que les héroïnomanes apprécient le rituel de s'enfoncer des aiguilles dans les veines.

9. Les premiers temps du sevrage sont traumatisants ; les ex-fumeurs ne seront jamais complètement libérés.

Si, au moment d'écraser ce qu'il espère être sa dernière cigarette, le fumeur se sent intrinsèquement inachevé, s'il croit que le tabac peut véritablement combler ce vide en lui, s'il se croit promis à une période de supplice et s'imagine qu'il n'en sera jamais complètement libéré, alors il a effectivement toutes les chances d'aller au-devant d'une réelle épreuve et risque de ne jamais s'affranchir totalement du tabac. Il serait d'ailleurs très surprenant qu'il ne replonge pas tôt ou tard. En revanche, pour peu qu'on dissipe toute cette confusion autour du tabac, en lui exposant les mécanismes du piège, il comprendra qu'un tel supplice n'est pas inéluctable et pourra jouir, dès la première minute, d'une libération complète et permanente.

10. Il faut de la volonté pour réussir à se défaire d'une dépendance.

Si vous restez attaché à l'un des mythes évoqués ci-dessus, il y a fort à parier que les drogues exercent toujours sur vous un certain attrait. Alors, dans la mesure où votre désir de cigarette – ou de drogue – n'est pas complètement éliminé, il vous faudra effectivement une bonne dose de volonté pour arrêter. Mais s'il l'on prend soin de dissiper la confusion en balayant ces mythes un à un, ni besoin ni désir ne subsisteront. Pourquoi diable auriez-vous besoin de recourir à la volonté pour résister à une tentation désormais obsolète ? Ce sera d'autant plus vrai une fois effacée de votre esprit la dernière idée reçue :

IL EST DIFFICILE DE SE LIBÉRER DU TABAC ET DES TOXICOMANIES.

Parcourez à nouveau la liste des idées reçues sur les toxicomanies et supposons-les toutes incontestablement avérées. Ces puissantes raisons ne justifient-elles pas pourquoi nos enfants se laissent piéger, pourquoi les toxicomanes tremblent à l'idée même de sevrage et pourquoi, parmi ceux qui réussissent à s'en défaire, tant finissent par replonger avec une facilité aussi déconcertante ?

Lorsque, il y a quelque 14 ans, j'ai pris mon bâton de pèlerin pour délivrer le monde du tabagisme, je pensais me heurter à un terrible ennemi, l'industrie du tabac. Paradoxalement, les véritables ennemis se sont révélés être les institutions que je pensais avoir pour alliées : les médias, les pouvoirs publics, les associations antitabac et, bien sûr, les fumeurs eux-mêmes. Mon principal ennemi se trouva être l'institution que j'aurais cru être la plus prompte à se ranger à mes côtés : la profession médicale.

Je fus extrêmement honoré d'être invité à participer à un séminaire lors de la dixième conférence mondiale « Tabac ou Santé » qui s'est tenue à Beijing au mois d'août 1997. Je ne peux décrire mon excitation à la perspective d'échanger des idées avec les plus éminents experts mondiaux sur le tabagisme.

Au terme de la conférence, cet émoi avait laissé place à une immense frustration. Cette manifestation avait été l'occasion d'un déploiement de réflexions, de recherches et d'attentions portées aux techniques permettant d'adoucir les effets de la dépendance à la nicotine. Je ne sais combien d'exposés y furent consacrés. Et, même si l'on ne pouvait préjuger du sérieux de ces travaux, je me surprenais à penser, face à la majorité des présentations : « À quoi rime une telle étude ? En quoi cela peut-il aider à résoudre le problème ? »

La profession médicale est tellement pieds et poings liés par ses propres procédures qu'elle semble souvent incapable du bon sens le plus élémentaire à propos du tabagisme. Cela me rappelle un article sur lequel j'étais tombé dans un journal il y a quelques années : « Mal renseignés, ces ignorants concluent, simplement parce que les loyers, le prix de la nourriture, de l'essence et d'autres biens de consommation courante ont subi une hausse, que le coût de la vie a également augmenté, alors qu'à l'évidence, selon nos chiffres, l'indice du coût de la vie a bien diminué. »

J'avais élaboré un questionnaire sur les principales idées reçues à propos du tabagisme. En moyenne, les conférenciers répondirent faux à 17 des 23 questions qu'il comprenait. Doit-on s'étonner que tant de nos jeunes se mettent à fumer ? J'ai été particulièrement choqué par l'enthousiasme manifesté à l'égard des substituts nicotiniques, c'est-à-dire des thérapies de substitution à base de dérivés contenant de la nicotine [1].

Depuis l'ouverture de mon premier centre antitabac, il y a 14 ans, la seule fois où la hausse continuelle du nombre de patients s'est infléchie coïncidait avec le lancement hautement médiatisé des patchs de nicotine. Des confessions que nous avons reçues de fumeurs déçus de cette approche, le reproche le plus fréquemment adressé au patch est que, même s'il aide à supporter les terribles symptômes physiques du manque, il n'est cependant d'aucun secours sur le plan psychologique. À ce constat éminemment prévisible, je rajouterais que le patch ne peut même pas réduire les *terribles symptômes* de manque – car ces terribles symptômes n'existent pas.

L'engouement pour ces patchs s'est rapidement essoufflé, comme avant lui celui pour les chewing-gums à la nicotine. Nous avons reçu, ces dernières années, un retour très négatif des fumeurs sur l'efficacité des substituts nicotiniques. À cette conférence, mon collègue Robin Hayley et moi faisons partie d'une session intitulée : *Sevrage Approches non pharmaceutiques*. J'étais enchanté de ce regroupement exclusif de partisans d'une approche sans médicament, car je craignais qu'en présence de partisans d'approches substitutives, le débat ne prenne une tournure conflictuelle.

En fait, à l'origine, sept conférenciers avaient été programmés à l'agenda du séminaire consacré au

1. Désignés ici selon la terminologie « substituts nicotiniques » par opposition aux simples substituts thérapeutiques, ne délivrant pas de nicotine (*N.d.T.*)

Sevrage. Mais le groupe avait ensuite été scindé en deux : le premier, animé par quatre membres de la profession médicale, se focalisait sur les approches thérapeutiques à base de substituts nicotiniques. L'un de ces médecins, non content de prôner ces produits, comme ses collègues, poussait même le bouchon jusqu'à leur associer un traitement par antidépresseurs. Je lui fis remarquer le paradoxe d'une telle thérapie : traiter par la nicotine un patient souffrant une dépendance à la nicotine. Mon objection ne reçut pas la moindre réponse. Le conférencier poursuivit son intervention en affirmant que les substituts nicotiniques favorisaient indiscutablement le sevrage, mais qu'il était impossible de savoir quel type de fumeur pourrait y prétendre. Je soulignai ce nouveau paradoxe : comment pouvait-il affirmer l'efficacité de cette méthode alors qu'il demeurait incapable d'identifier à qui elle pouvait s'adresser ? Ceci n'ébranla en rien ses convictions et il termina son exposé en concluant sur la nécessité d'approfondir ce point.

Un seul autre conférencier, membre du corps médical, partageait la session *Approches non pharmaceutiques* avec Robin et moi. Redoutant des points de vue divergents, nous avions mis à sa disposition, avant la session, un dossier décrivant notre méthode et une copie de ce que nous projetions de présenter, l'invitant à faire de même. Il n'en fit rien. Même après son discours, je restais bien en peine de me forger la moindre opinion sur la méthode qu'il défendait. Sollicitant son avis sur les substituts nicotiniques, je fus soulagé d'apprendre qu'il estimait la méthode inefficace. Mais ce soulagement fut de courte durée, car il s'empressa de renchérir devant Robin abasourdi qu'« il en recommandait quelquefois l'usage, car les fumeurs avaient besoin de quelque chose ». À notre grand regret, les autres présentations auxquelles nous avons tous deux assisté lors de la conférence furent du même acabit.

Cette approche de la question du sevrage tabagique règne presque sans partage au sein de la profession médicale, qui saisit rarement la vraie nature de la dépendance à la nicotine. Les médecins se bornent souvent à conseiller leur patient en puisant, au gré des insuccès, dans le catalogue des stratagèmes à leur disposition. Comme pour d'autres pathologies, ils ont tendance à prescrire les médicaments proposés par l'industrie pharmaceutique. En réalité, mis à part les quelques praticiens qui préconisent mon approche, les médecins ignorent quelle thérapie est la plus efficace et devraient avoir l'honnêteté de l'admettre.

Je tiens à souligner les raisons de mon opposition à l'usage de substituts nicotiniques, que j'avais présentées lors de la conférence :

1. le tabac à priser, qui était la forme de tabagisme en vogue au XIXe siècle, a pu être éradiqué grâce à une thérapie de substitut nicotinique : il a été remplacé par l'avènement de la cigarette industrielle ;
2. prescrire aux fumeurs des chewing-gums à la nicotine est absurde. Conseille-t-on aux drogués qui fument de l'héroïne de plutôt se l'injecter directement dans les veines, sous prétexte que la fumée est nocive ?
3. la thérapie à base de substitut nicotinique répond au principe selon lequel, pour cesser de fumer, vous devez surmonter deux épreuves titanesques : rompre l'habitude, c'est-à-dire l'accoutumance, et survivre aux terribles traumas occasionnés par le manque. Face à ce double défi, il semble logique d'essayer d'affronter ces adversaires l'un après l'autre. Cette approche vous propose donc d'arrêter les cigarettes tout en continuant à satisfaire

l'appétit en nicotine de votre organisme, pendant que vous vous attaquez à l'accoutumance. Une fois cette première étape franchie, vous pouvez ensuite vous débarrasser de la nicotine. L'idée semble remarquable sur le papier, mais on peut lui opposer plusieurs arguments : pourquoi ne pas simplement réduire progressivement sa consommation de cigarette ? Cela produirait le même effet. Toutefois, chaque fumeur sait combien réduire sa consommation est difficile. En fait, cette méthode pèche parce qu'elle repose sur des hypothèses fausses. Le tabagisme n'est pas une question d'habitude mais de dépendance. Se défaire du tabac, c'est à la fois priver l'organisme de nicotine et chasser de votre cerveau le *grand monstre* de nicotine aussi vite que possible. Les substituts nicotiniques maintiennent le *petit monstre* en vie, ce qui en retour aide le *grand monstre* à subsister. Enfin, un second argument et non moins recevable, la sensation physique de manque de nicotine est si légère qu'elle ne justifie pas le recours à un substitut ;

4. toute thérapie substitutive constitue en soi une erreur, car elle conforte le fumeur dans l'illusion de faire un sacrifice. Les substituts qui renferment de la nicotine présentent l'inconvénient supplémentaire de maintenir le sujet dans la dépendance ;
5. nous recevons dans nos centres de thérapie une forte clientèle d'ex-fumeurs désormais dépendants des chewing-gums à la nicotine.

Cette conférence nous est apparue comme un plaidoyer pour les thérapies de substitution. Les techniques de vente employées par les sociétés pharmaceutiques s'apparentent à celles auxquelles avait en son temps recours l'industrie du tabac : des femmes très glamour arborant le patch ou un chewing-gum à la bouche. Est-ce une simple coïncidence si les patchs sont vendus dans des paquets de mêmes dimensions que les paquets de cigarettes ? Si l'industrie de produits de substitution nicotinique a véritablement le dessein d'aider les fumeurs à recouvrer leur liberté, pourquoi a-t-elle recours à de tels stratagèmes ?

La brochure Nicorette en papier glacé contenait une copie du questionnaire de tolérance du docteur Fagerstrom, voué à l'évaluation de votre degré de dépendance à la nicotine. Lors de son discours, le docteur Fagerstrom a commencé par expliquer qu'il ne savait, au début, comment déterminer si un fumeur était ou non dépendant à la nicotine. Son questionnaire supposait pourtant que tous les fumeurs le sont : selon son barème, un résultat supérieur à 7, sur une échelle de 11, concluait à une forte dépendance, et en dessous de 6 à une dépendance faible. N'ayant jamais rencontré de fumeur plus accro que nous l'étions, Robin (avec ses soixante cigarettes par jour) et moi-même, je m'attendais à atteindre le niveau maximal, talonné par Robin. J'ai obtenu le score de 3 et lui de 5.

Les défenseurs des thérapies de substitution prennent ce test pour parole d'évangile, et tout le bon sens du monde ne suffirait pas à ébranler leur foi. Un autre éminent confrère a même évoqué, sur une chaîne de télévision nationale, le risque que certains ex-fumeurs restent dépendants à vie de tels dérivés nicotiniques. Comment peut-on prêcher pareilles absurdités ? Point n'est besoin d'être professeur émérite pour savoir que l'organisme humain n'a nullement besoin de ces poisons. La dépendance ne repose pas sur une propriété indiscutablement étayée mais sur une puissante illusion. C'est là que le bât blesse : dans ces études, les scientifiques ont tellement la tête dans le guidon, que même face à une conclusion visiblement absurde, ils ne dévient pas d'un pouce. Et regrettablement, leurs collègues, pris au jeu, acquiescent sans sourciller.

Quelle explication la profession médicale avance-t-elle face aux fumeurs invétérés – Robin, moi-même et bien d'autres encore que nous avons guidés – qui cessent du jour au lendemain sans l'aide de substituts, et sans souffrance particulière ? Pourquoi ne prend-elle pas la peine de s'intéresser à notre cas ?

La majorité des fumeurs a vite démasqué l'imposture des substituts nicotiniques, mais les médecins tardent à suivre le mouvement. Sans réellement réfuter mes arguments, ils se réfugièrent souvent derrière les conclusions de leurs études. À y bien regarder, ces études ne témoignent pas d'une parfaite rigueur scientifique :

1. afin que l'évaluation soit recevable, le fumeur ne devrait pas avoir connaissance du produit inoculé (substitut ou placebo). Cela semble difficile car, dès la première dose, la nature du produit ne pourra lui échapper ;
2. dans toutes les études, la durée effective d'abstinence est évaluée à compter de la dernière cigarette. Il serait plus pertinent de prendre comme référence l'instant de la dernière prise de nicotine. À l'évidence, on se s'étonnera pas que les fumeurs qui substituent aux cigarettes la nicotine sous une autre forme (pipes, cigares et produits substitutifs) réussissent à tenir plus longtemps ;
3. l'emploi de substances contenant de la nicotine peut être considéré comme un prolongement de la méthode faisant appel à la volonté, qui manque elle-même cruellement d'efficacité. L'utilisation conjointe de substituts confère peut-être à cette méthode volontariste un soupçon d'efficacité.

> Mais cela ne constitue pas une raison suffisante pour s'en faire l'avocat. Renoncer au tabac en misant sur sa seule volonté revient à tenter de courir un mille mètres avec les pieds attachés. Votre course sera certes facilitée si vous disposez de béquilles (les substituts), mais si l'on vous libère de vos liens (*La Méthode simple*), ces mêmes béquilles deviendront gênantes.

Je suis prêt à fermer les yeux sur les irrégularités de ces études ; il n'en demeure pas moins vrai que le taux de réussite des substituts nicotiniques fait bien pâle figure en regard de celui de *La Méthode* simple, qui permet de se libérer facilement, immédiatement et définitivement.

Cela dit, nous nous devons de faire preuve d'un peu d'indulgence à l'égard des médecins ! Un généraliste ne peut pas se cantonner au sevrage des patients atteints de tabagisme ; il doit aussi être capable de traiter toutes les autres pathologies. Il m'a fallu une vie entière pour percer l'énigme du tabagisme. Pour clore avec ce sujet, nos centres antitabac accueillent un grand nombre de médecins qui ne viennent pas avec l'idée de se former à ma méthode, mais avec celle de guérir de la cigarette !

Revenez maintenant sur les idées reçues listées dans cet appendice et voyez-les pour ce qu'elles sont vraiment : de funestes illusions. Estimez-vous vos enfants assez bêtes pour se précipiter dans ce guet-apens s'ils en connaissaient les ficelles ? Et s'ils étaient déjà accros, croyez-vous qu'ils ne pourraient pas s'en libérer facilement ?

Je vous garantis qu'une fois débarrassé de ces illusions, l'arrêt est facile et l'entreprise se révèle même plaisante dès la dernière cigarette écrasée : découvrir, du jour au lendemain, qu'on est définitivement libre.

La dépendance à une drogue est un emprisonnement perpétuel. Vous êtes à la fois prisonnier et geôlier, et vous étouffez d'un sentiment de stupidité, de sentir cette liberté à portée de la main, sans savoir comment y parvenir.

À dire vrai, vous n'êtes pas votre propre geôlier. L'emprisonnement ne puise pas sa source dans la manifestation physique de la drogue elle-même, mais dans la subtilité du piège, dans le lavage de cerveau, dans le conditionnement et la confusion ambiante. L'essentiel est que vous et votre enfant soyez convaincus que ces mythes que j'ai évoqués dans ce chapitre ne sont que de pures illusions.

J'ai été pendant longtemps le seul à prêcher, tentant de pousser la société à remettre en question sa conception du tabagisme. La profession médicale est indiscutablement tenue en haute estime par l'ensemble de la société. Il est légitime de s'en remettre à son savoir et à son expertise. Malgré l'incessante obstination de cette institution incontournable, puissante et respectée, à prêcher sur le tabagisme une vision aux antipodes de la réalité, j'ai rencontré avec ma méthode un succès retentissant. Si la profession médicale dans son ensemble se rangeait à mes côtés pour sensibiliser la société au vrai visage du tabagisme, ce fléau serait balayé en moins de temps qu'il n'en faut pour le dire.

Notre descendance ne sera réellement en sécurité qu'une fois cet objectif définitivement atteint. Votre concours peut être d'un grand secours : dès que vous tombez sur une personne, une émission de radio ou de télévision, un article dans un journal qui véhicule les mythes et illusions sur le tabac et les toxicomanies, mettez un point d'honneur à démentir ces propos. Exhortez votre entourage à réagir et réfuter ces idées reÇues. apportez votre brique à l'édifice ! N'oubliez jamais : la grande barrière de corail est constituée de petits polypes, invisibles à l'Œil nu. Et pourtant, le récif se voit de la lune. Si nous sommes unis, la victoire est au bout du chemin.

Dans cet ouvrage, je ne développe que brièvement mon argumentation visant à décortiquer les mécanismes du tabagisme et balayer les mythes qui lui sont associés. Ils mériteraient pour la plupart une justification plus approfondie. Si vous en ressentez le besoin, n'hésitez pas à vous plonger dans les chapitres appropriés de *La Méthode simple pour en finir avec la cigarette*, et si cela ne suffit toujours pas, prenez contact avec un centre Allen Carr.

On s'enquiert fréquemment des changements intervenus dans ma vie après l'arrêt du tabac : les cigarettes me manquent-elles ? M'arrive-il d'éprouver des envies passagères ? Ce fut comme si je quittais un monde noir et blanc fait de frayeur et d'aliénation, pour un paradis en technicolor, baigné de soleil, de tonus et de liberté. Imaginez-vous la délivrance du comte de Monte-Cristo, après vingt-cinq ans dans sa prison, miné par la certitude d'y finir ses jours, qui découvre brusquement que le cauchemar était terminé ! Ma vie est pavée d'expériences merveilleuses, mais l'une d'elles reste loin devant :

LE BONHEUR DE SE LIBÉRER DE L'ESCLAVAGE DE LA DÉPENDANCE !

J'espère sincèrement que nos efforts conjugués permettront à vos enfants, à tous les enfants, de se détourner de la souffrance et l'esclavage des toxicomanies et aideront ceux déjà piégés à s'en soustraire, quel que soit leur âge.

ALLEN CARR'S CLINICS – U. K.

Vous trouverez ci-dessous les coordonnées de tous les centres Allen Carr pratiquant « la méthode simple pour en finir avec la cigarette » dans le monde. Notre taux de réussite est très élevé. Nous vous garantissons le succès ou le remboursement en cas d'échec.
Certains de ces centres proposent également des sessions pour en finir avec l'alcool ou pour perdre du poids.
Pour plus d'informations, renseignez-vous auprès du centre le plus proche de chez vous.
Stop Smoking Helpline : **0906 604 0220** (Premium rate – 60p per min.)
Information Line **0800 389 2115** (Numéro vert)
Site web : www.allencarrseasyway.com

LONDON
lc Amity Grove, Raynes Park, London SW20 OLQ
Tel : **020 8944 7761** Fax : **020 8944 8619**
Therapists : John Dicey, Sue Bolshaw, Sam Carroll, Colleen Dwyer, Crispin Hay, Jenny Rutherford
E-mail : postmaster@allencarr.demon.co.uk

BIRMINGHAM
415 Hagley Road West, Quinton, Birmingham B32 2AD.
Tel & Fax : **0121 423 1227**
Therapists : John Dicey, Colleen Dwyer, Crispin Hay
E-mail : easywayadmin@tiscali.co.uk

BOURNEMOUTH & SOUTHAMPTON
Tel & Fax : **01425 272757**
Therapist : John Dicey, Colleen Dwyer

BRIGHTON
Tel : **0800 028 7257**
Therapists : John Dicey, Colleen Dwyer

BRISTOL & SWINDON
Tel : **0117 950 1441**
Therapist : Charles Holdsworth Hunt
E-mail : stopsmoking@easywaybristol.co.uk
Website : www.easywaybristol.co.uk
Weight Therapist : Eva Gray E-mail : eva@evagray.net
Website (Weight) : www.evagray.net
Freephone : **0800 804 6796**

BUCKINGHAMSHIRE : HIGH WYCOMBE, OXFORD & AYLESBURY
Tel : **0800 0197 017**
Therapist : Kim Bennett
E-mail : kim@easywaybucks.co.uk
Website : www.easywaybucks.co.uk

EXETER
Tel : **0117 950 1441**
Therapist : Charles Holdsworth Hunt
E-mail : stopsmoking@easywayexeter.co.uk
Website : www.easywayexeter.co.uk

KENT
Tel : **01622 832 554**
Therapist : Angela Jouanneau
E-mail : easywaykent@yahoo.co.uk

MANCHESTER
Freephone : **0800 804 6796**
Therapists : Rob Groves
E-mail : stopsmoking@easywaymanchester.co.uk
Website : www.easywaymanchester.co.uk
Weight Therapist : Eva Gray E-mail : eva@evagray.net
Website (Weight) : www.evagray.net

NORTH EAST
Tel/Fax : **0191 581 0449**
Therapist : Tony Attrill
E-mail : info@stopsmoking-uk.net
Website : www.easywaynortheast.co.uk

NORTHERN IRELAND – Opening 2005
P.O. Box 243, Derry, N. Ireland, BT48 0WX
Tel : **0800 587 5212**
Therapist : Ciara Orr
Email : ciara@easywayni.com
Website : www.easywayni.com

READING
Tel : **0800 028 7257**
Therapist : John Dicey, Colleen Dwyer

SCOTLAND
Sessions held throughout Scotland
Tel : **0845 450 1375** Calls charged at local rate
Therapist : Joe Bergin
E-mail : info@easywayscotland.co.uk
Website : www.easywayscotland.co.uk

SOUTH WALES : CARDIFF/SWANSEA
Tel : **0117 950 1441**
Therapist : Charles Holdsworth Hunt
E-mail : stopsmoking@easywaycardiff.co.uk
Website : www.easywaycardiff.co.uk

STAINES/HEATHROW
Tel : **0800 028 7257**
Therapists : John Dicey, Colleen Dwyer

YORKSHIRE
Freephone : **0800 804 6796**
Therapist : Rob Groves
E-mail : stopsmoking@easywayyorkshire.co.uk
Website : www.easywayyorkshire.co.uk
Weight Therapist : Eva Gray E-mail : eva@evagray.net
Website (Weight) : www.evagray.net

REPUBLIC OF IRELAND
DUBLIN & Cork
Lo-Call (From ROI) **1 890 ESYWAY (37 99 29)**
Tel : **01 494 9010** (4 lines) Fax : **01 495 2757**
Therapist : Brenda Sweeney and Team
E-mail : info@allencarr.ie
Website : www.easyway.ie

AUSTRALIA
MELBOURNE 148 Central Road, Nunawading, 3131, Victoria.
Tel : **03 9894 8866** Fax : **03 8812 2030**
Therapist : Trudy Ward
E-mail : vic@allencarr.com.au
Website : www.allencarr.com.au

SYDNEY – Opening 2005
P.O. Box 309, Balmain, NSW 2041
Tel and Fax : **1300 785180**
Therapist : Natalie Clays
E-mail : nsw@allencarr.com.au
Website : www.allencarr.com.au

AUSTRIA
SESSIONS HELD THROUGHOUT AUSTRIA
Free line telephone for Information and Booking :
0800 RAUCHEN (0800 7282436)
Triesterstraße 42, 8724 Spielberg
Tel : **0043 (0)3512 44755** Fax : **0043 (0)3512 44755-14**
Therapist : Erich Kellermann and Team
E-mail : info@allen-carr.at
Website : www.allen-carr.at

BELGIUM
ANTWERP
Website : www.allencarr.be
Koningin Astridplein 27 B-9150 Bazel
Tel : **03 281 6255**. Fax : **03 744 0608**
Therapist : Dirk Nielandt
E-mail : easyway@dirknielandt.be

CANADA
Central Information and Bookings : **1866 666 4299**
Contact : Nicole Garga
Tel : **905-8497736**
Head office address : 75 Brookfield Rd., Oakville, ON, L6K 2 Y8
E-mail : nicoleg@allencarrseasyway.ca
Website : www.allencarrseasyway.ca

CARIBBEAN
GUADELOUPE, ANTILLES
Tel : **05 90 84 95 21**
Therapist : Fabiana de Oliveira
E-mail : allencaraibes@wanadoo.fr

COLOMBIA, SOUTH AMERICA
BOGOTA
Tel : **(571) 2365794** or **571 5301802**
Therapists : Jose Manuel Duran
E-mail : info@esfacildejardefumar.com
Website : www.esfacildejardefumar.com

DENMARK
COPENHAGEN
Asger Rygsgade 16, 1th, 1727
Copenhagen V, Denmark
Tel : **519 03536**
Therapist : Mette Fonss
E-mail : mette@easyway.dk
Website : www.easyway.dk

ECUADOR, SOUTH AMERICA
QUITO
Gaspar de Villarroel E9-53y Av. Shyris 3er piso, Quito.
Tel & Fax : **02 2820 920**
Therapist : Ingrid Wittich
E-mail : toisan@pi.pro.ec

FRANCE
SESSIONS HELD THROUGHOUT FRANCE
Central Booking Line : **0800 FUMEUR** (Freephone)
Therapists : Erick Serre and Team
11b rue St Ferreol, 13001 Marseille
Tel : **33 (4) 91 33 54 55**
E-mail : info@allencarr.fr
Website : www.allencarr.fr

GERMANY
SESSIONS HELD THROUGHOUT GERMANY
Free line telephone for information and central booking line :
08000 RAUCHEN (0800 07282436)
Therapists : Erich Kellermann and Team
Kirchenweg 41, D-83026 Rosenheim
Tel : **0049 (0) 8031 90190-0** Fax : **0049 (0) 8031 90190-90**
E-mail : info@allen-carr.de
Website : www.allen-carr.de

ICELAND
REYKJAVIK
Skeidarvogur 147, 104 Reykjavik
Tel : **553 9590** Fax : **588 7060**
Therapists : Petur Einarsson
E-mail : easyway@easyway.is

ITALY
MILAN
Via Renato Fucini, 3, 20133 Milano
Tel/Fax : **02 7060 2438** Mobile : **0348 354 7774**
Therapist : Francesca Cesati
E-mail : info@easywayitalia.com
Website : www.easywayitalia.com

JAPAN – TOKYO – Opening 2005
Roop Toranomon 5F 2-9-2 Nishi-Shinbashi Minato-ku Tokyo Japan 105-0003
Tel : **+81 3 3507 4020** Fax : **+81 3 3507 4022**
Therapist : Miho Shimada
E-mail : info@allen-carr.jp
Website : www.allen-carr.jp

MAURITIUS – Opening 2005
Tel : **00230 727 5103**
Therapist : Heidi Houreau
E-mail : allencarrmauritius@yahoo.com

MEXICO
Tel : **(5255) 2623 0631**
Therapist : Jorge Davo
E-mail : info@allencarr-mexico.com
Website : www.allencarr-mexico.com

NETHERLANDS
AMSTERDAM
Pythagorasstraat 22, 1098 GC Amsterdam.
Tel : **020 465 4665** Fax : **020 465 6682**
Therapist : Eveline de Mooij
E-mail : amsterdam@allencarr.nl

UTRECHT
De Beaufortlaan 22B, 3768 MJ Soestduinen (gem. Soest).
Tel : **035 602 94 58**
Therapist : Paula Rooduijn
E-mail : soest@allencarr.nl

ROTTERDAM
Mathenesserlaan 290, 3021 HV Rotterdam.
Tel : **010 244 0709** Fax : **010 244 07 10**
Therapist : Kitty van't Hof
E-mail : rotterdam@allencarr.nl

NIJMEGEN
Van Heutszstraat 38, 6521 CX Nijmegen
Tel : **024 336 03305**
Therapist : Jacqueline van den Bosch
E-mail : nijmegen@allencarr.nl
Website : www.allencarr.nl

NEW ZEALAND
AUCKLAND
472 Blockhouse Bay Road, Auckland 1007
Tel : **09 626 5390** Mobile : **027 4177077**
Therapist : Vickie Macrae
E-mail : vickie@easywaynz.co.nz
Website : www.easywaynz.co.nz

CHRISTCHURCH
P.O. Box 29363, Christchurch
Tel : **021 737810**
Therapist : Maria Roe
E-mail : easyway@allencarr.co.nz
Website : www.allencarr.co.nz

NORWAY
OSLO
Bygdøy Allé 9 c, 0257 Oslo
Tel : **22 43 41 00** Fax : **22 43 40 99**
Therapist : Laila Thorsen
E-mail : post@easyway-norge.no
Website : www.easyway-norge.no

POLAND
WARSAW
Ul. Wilcza 12 B m 13, 02-532 Warszawa
Tel : **22 621 36 11**
Therapist : Anna Kabat
E-mail : annakabat@hotmail.com

PORTUGAL
OPORTO
Edificio Zarco, Rua Goncalves Zarco 1129B, sala 109, Leca de Palmeira, 4450-685 Matosinhos
Tel : **22 9958698**
Therapist : Ria Slof
E-mail : info@comodeixardefumar.com
Website : www.comodeixardefumar.com

SLOVAKIA/CZECH REPUBLIC – Opening 2005
Therapist : Leo Baier
E-mail : a.baier@easyway-sk-cz.com

SOUTH AFRICA
Website : www.allencarr.co.za
Central Booking Line (in SA) : 0861 100 200
HEAD OFFICE & CAPE TOWN CLINIC :
15 Draper Square, Draper St, Claremont 7708
Tel : **021 851 5883** Mobile : **083 600 5555**
Therapist : Dr. Charles Nel
E-mail : easyway@allencarr.co.za

PRETORIA
Tel : **084 (EASYWAY) 327 9929**
Therapist : Dudley Garner
E-mail : info@allencarr.co.za

SPAIN
MADRID and BARCELONA – (other areas also available)
Tel : **902 10 28 10** Fax : **942 83 25 84**
Central Office : Felisa Campuzano, 21,
39400 Los Corrales de Buelna, Cantabria, Spain
Therapists : Geoffrey Molloy & Rhea Sivi and Team
E-mail : easyway@comodejardefumar.com
Website : www.comodejardefumar.com

SESSIONS ALL OVER SWITZERLAND
Free line telephone for Information and Booking :
0800 RAUCHEN (0800 / 728 2426)
Schöntalstr. 30, Ch – 8486 Rikon-Zurich.
Tel : **0041 (0)52 383 3773** Fax : **0041 (0)52 3833774**
Therapist : Cyrill Argast and Team
SESSIONS Suisse Romand and Svizzera Italia
Tel : **0800 728 2436**
E-mail : info@allen-carr.ch
Website : www.allen-carr.ch

TURKEY – Opening 2005
Tel : **0090 212 3585307**
E-mail : info@allencarrturkiye.com
Website : www.allencarrturkiye.com

USA
Central Information and Bookings : **1 866 666 4299**
Website : www.allencarrusa.com
E-mail : info@allencarrusa.com
Seminars held regularly in New York and Los Angeles

Collection
Évolution

Forme et santé

Des méthodes simples pour arrêter de fumer ou pour en finir avec les kilos en trop. Trouvez dans les livres Évolution des conseils pour une meilleure hygiène de vie dans les pages suivantes.

Forme et santé

La méthode simple pour perdre du poids
Allen Carr
256 pages - 6,60 €
Pocket n° 11141

Gourmandes et gourmands, ce livre est fait pour vous. Parce que manger peut être synonyme de bien-être et d'équilibre, Allen Carr propose de se réapproprier les valeurs du goût. C'est avec bon sens qu'il proscrit les obligations et les interdits – qui dictent souvent notre conduite alimentaire –, et qu'il prône la liberté de se laisser guider par ses envies et ses besoins. Car ce n'est qu'à partir de ce plaisir retrouvé que l'on peut aboutir à une alimentation plus saine et... perdre du poids !

La méthode simple pour prendre l'avion sans en avoir peur
Allen Carr
224 pages - 6,20 €
Pocket n° 12200

Voici la méthode révolutionnaire qui permet de voyager enfin en toute sérénité ! Rapide et efficace, elle répond aux questions les plus répandues liées à la peur de voler, s'attaque aux racines mêmes de cette peur, et non simplement à ses symptômes. Apprendre à se détendre et profiter pleinement de son voyage, c'est désormais possible !

Pour en savoir plus : www.pocket.fr

Photocomposition Nord Compo
59650 Villeneuve-d'Ascq

Impression réalisée sur Presse Offset par

BRODARD & TAUPIN

GROUPE CPI

37018 – La Flèche (Sarthe), le 06-09-2006
Dépôt légal : septembre 2006

POCKET – 12, avenue d'Italie - 75627 Paris cedex 13

Imprimé en France